Paulus Cassel

Der Phöniz und seine Ära

ein Beitrag zur alten Kunst-Symbolik und Chronologie

Paulus Cassel

Der Phöniz und seine Ära
ein Beitrag zur alten Kunst-Symbolik und Chronologie

ISBN/EAN: 9783743486638

Hergestellt in Europa, USA, Kanada, Australien, Japan

Cover: Foto ©ninafisch / pixelio.de

Manufactured and distributed by brebook publishing software (www.brebook.com)

Paulus Cassel

Der Phöniz und seine Ära

Der

Phönix und seine Aera.

Ein Beitrag

zur

alten Kunst-Symbolik und Chronologie

von

D. Paulus Cassel.

Berlin, 1879.

Der Phönix.

Capitel I.

Im Jahre 787 der Stadt Rom — unter den Consuln Paullus Fabius und Lucius Vitellius, im 20. Jahr des Tiberius und im 34. vor Christi Geburt — gerieth das gelehrte Rom in wissenschaftliche Aufregung, und nicht ohne Grund.

Aus Aegypten war, wie Tacitus erzählt, die Nachricht eingegangen, dass nach langem Umlauf der Jahrhunderte der Vogel Phönix dort angekommen sei. Die wunderbaren Sagen von seinem langen Leben, seiner seltsamen Gestalt, von seinem Sterben und Wiederverjüngtwerden gaben der damaligen gebildeten Welt reichen Stoff der Verhandlung und Unterhaltung. Ganz unbekannt waren sie nie gewesen. Aber jetzt erst schien sich gelehrte Betrachtung daran anzuknüpfen. Man stellte Nachrichten über seine Erscheinung zusammen. Man ahnte darin ein Symbol, das auf Ordnung der Zeiten und Gestirne ging. Auf Aegypten wies alles hin. Ein ägyptisches Hieroglyph war es, allerdings uralt, denn es galt schon als die Söhne Jakobs ihren Bruder nach Aegypten verkauften — aber trotz alles poetischen Glanzes, den es besass — wurde es nicht erklärt.

Die älteste Notiz, die wir von ihm haben, ist nicht die des Herodot; — lehrreich für seine wirkliche Bedeutung ist bereits der Vers des Hesiod [1]), welchen Plutarch aus einem Fragmente mittheilt und in welchem die Nymphe spricht:

„Neun Menschengeschlechter der blühenden Männer lebt die geschwätzige **Krähe**. — Der **Hirsch** aber viermal so lang als die Krähe. Drei Hirschenalter erlebt der **Rabe**, aber zehn Rabenalter der **Phönix**. Zehn Phönixalter erleben wir schön gelockten Nymphen. Töchter des Aegis haltenden Zeus."

Wie alt ist nun der Phönix geworden?

1. Es ist eine Notiz aus einem uralten Sonnenkalender, in welchem die Namen der Krähe, des Hirsches und des Raben — wie der des Phönix grosse Sonnenjahre bezeichnen.

Sie unterscheiden sich von der Umlaufszeit des Hundes (der Hundsternperiode) und des Stieres (Apis) und müssen weithin zwischen Babylon und Aegypten gegolten haben.

Krähe, Hirsch und Rabe sind nicht weniger Symbole des Sonnenganges wie der Phönix — wenn auch die Bedeutung des Letzteren sie alle einschloss und überwog.

Die Krähe (Koronis) ist in der griechischen Sage mit Apollon, dem Sonnengott verbunden. Sie ist seine Freundin. Sie heisst die Tochter des Phlegyas (ein Name, der aus der Gluth sich erklärt) — sie ist von ungemeiner Schönheit und stirbt auf dem Scheiterhaufen: als sie den Ischys liebt, „die Dauer", da tödtet sie Apollo; aus den Flammen geht ihr Sohn Asklepios, die neue Gesundheit, das neue Leben hervor[1]). Der Inhalt der Sage erinnert überall an Berichte vom Phönix. Ihr Tod bedeutet das Ende einer Sonnenzeit — denn Apollo führt sie herbei — ein neues Leben wird aus ihr geboren. Aus Gluth stammt sie her, in Gluth geht sie unter. So berichtet die Indische Sage im Smadeva Bhatta[2]) von zwei Krähen, die sich um Opferreste stritten und als **Flamingo's** (die orientalischen Abbilder des Phönix) wiedergeboren wurden. Die Krähe wird daher in den Sagen auch als Feindin der Maus beobachtet, welche ein Thier der Nacht und von der Sonne bekämpft und vertrieben wird. Daher zögert im Hitopadesa die Maus Hiranjaka lange, ehe sie einen Freundschaftsbund mit der Krähe einging[4]).

Ebenso ist die Krähe mit der Schlange verfeindet, welche ein Gegner aller Sonnengenien ist. Im Panschatantra frisst die Schlange die Jungen der Krähe; im Mahavansô wird die Schlange von der jungen Krähe verzehrt[5]).

Es wird von den Einwohnern von Lemnos erzählt, dass sie die Krähe verehren, weil sie ein Feind der Heuschrecken ist[6]).

Namentlich aber ist die Krähe mit der Eule feind, dem hervorragenden Raubvogel der Nacht. Diese Feindschaft macht sich in der Natur wirklich geltend. Wie es den Krähen von Seiten der grossen Eulen bei Nacht geht, so der blinden Eule, wenn sie von den Krähen bei Tage angegriffen wird. Die Beobachtung der Völker hat diesen Krieg der beiden Thiere sittlich verstanden. Daher ist die Krähe der Minerva (Pallas Athene) verhasst; sie darf nicht nach der Akropolis kommen, deshalb hat sie in der griechischen Fabel einen üblen Ruf[7]). Aber diese Feindschaft gegen die Eule war im Orient ihr Ruhm. Er drückte die Feindschaft gegen das Thier der Nacht aus.

Eine Fabel im Panschatantra ist dafür ausserordentlich lehrreich. Das dritte Buch heisst „der Krieg der Eulen und Krähen." Es wird darin der Grund des Hasses beider Thiere daraus erklärt, dass einst die Thiere statt des Garudha (des indischen Sonnenvogels — welcher vielfach dem Phönix entspricht) die Eule zum König machen wollen. Aber das hindert die Krähe, welche die klügste heisst, durch eine kluge Rede. Seit der Zeit hat die Eule der Krähe Feindschaft geschworen[8]).

In der griechischen Fabel des Ovid wird ja auch die Krähe von Minerva entfernt, weil sie alles weiss (wie die Sonnenzeit) und die Geheimnisse offenbarte. Sie zog die Eule vor, weil sie nicht so gut sehen kann.

Wenn für den grossen Kampf der Kuru und der Pandu das Gleichniss der Eulen und Krähen gebraucht wird, die gleichsam Ursache desselben gewesen seien, so liegen darin auch historische und sittliche Gegensätze, auf welche hier nicht eingegangen werden kann. Aber die Pandu, welche die Krähen vorstellen, haben zu ihrem Helden den Krischna, welcher wie Herakles zu den Lichtgöttern im Gegensatz zur Nacht gehört.

In der obigen Sage des Kampfes der Krähen mit den Eulen wird zuletzt das Eulennest verbrannt. Die Sonne verzehrt die Nacht.

Die Krähe, um die Eulen durch List zu täuschen, spricht, sie wünsche sich selbst zu verbrennen — um als Eule wiedergeboren zu werden (was von ihr ironisch gemeint ist). Alle Krähen in dieser Sage haben Namen, welche mit dschivin zusammengesetzt sind, nehmlich „lebend." Eine davon heisst „Tschiradschivin", langlebend. (Benfey 2. 237.)

Auch Lucretius[9]), der Dichter, redet von hundertjährigen Krähen und Raben. Dass die Meinung vom Alter der Thiere nur aus der Tradition eines Sonnenjahres komme, war in späteren Zeiten den Römern und Griechen nicht mehr bewusst, daher sagt Macrobius, dass es fabelhaft sei, vom Alter der Krähen und Raben Beispiele zu bringen [10]).

2. Was von den Krähen gilt — dichtete man auch von den Raben. Sie stehen in Sagen und Fabeln für einander. Ihr Name und ihre Lebensweise ähneln sich. Der Rabe nimmt in der alten östlichen Vorstellung der Krähe gegenüber scheinbar eine niedere Stellung ein. Coronis ist die Geliebte, aber der Rabe nur der Diener des Apollo. Er ist auch im Hitopadesa ein Diener des Löwen, was dasselbe bedeutet. Er ist ein Bote des Noah — wie er den Elias bediente. Die Mitglieder einer dienenden Klasse in den Mysterien des Mithra waren gleichfalls Raben. Wo ein Tempel des Apollo ist, da finden sich Raben. Dem Marcus Cicero, wird erzählt, ist sein Tod durch einen Raben verkündigt worden, der das Eisen seiner Sonnenuhr herabwarf. In der altnordischen Mythologie ist Odin, was Apollo den Griechen war, die Sonne, die alles weiss und wandert. Odin hat zu Gefährten und Dienern zwei Raben, Hugin und Munin, Gedanke und Erinnerung. Jacob Grimm[11]) führte noch mehr Beispiele

an, wo Raben die Botschaft des Lichtes ausdrücken. Der Rabe, dessen Gefieder mit Gold umwunden war, ist ein Sonnenrabe. Wenn Raben den Blinden ein Mittel verkünden, wodurch sie wieder sehen würden, so thun sie dies als Diener der Sonne, welche sehen macht. Woher es aber kommt, dass Krähe und Rabe, die sonst bei den westlichen Völkern neuerer Zeit gar nicht besonders berufen sind, zu Genossen, Vertretern und Dienern des Lichtes geworden sind, ist merkwürdig genug. — Es sind allerdings phonetische Hieroglyphen, die an ihnen zu erkennen sind.

Es ist ja nicht blos der Rabe, sondern auch der Wolf des Odin Abzeichen, wie er dem Apollo heilig war. Zeus und Apollo hiessen Lykaeos. Lykos hiess der Wolf und lux ($\lambda\acute{v}\xi$) das Licht. Das Sonnenjahr hiess gleichsam Wolfsjahr: Lykabas. Man übertrug den ähnlichen Laut für Licht auf den Wolf, und weil der Wolf wie das Licht hiess, wurde er das Symbol des Lichts.

So erging es der Krähe und dem Raben. Plato im Cratylus stellt in philosophischer (ob auch ironischer) Discussion Etymologien der Worte ins Licht, die nicht nach den Sylben, sondern nach einem ähnlichen Klang entscheiden. Er lehrt, „dass den Worten irgend eine natürliche Richtigkeit innewohne, die Hellenen und Barbaren dieselbe sei." „Es käme nicht auf die $\sigma\nu\lambda\lambda\alpha\beta\alpha\acute{\iota}$ (die Sylben), sondern auf die Dynamis des Wortes an. Auch die Orphiker legten die Worte so aus, und spätere Philosophen und ähnlich Kirchenväter gingen so zu Werke[10]).

Die Krähe heisst koronis, cornix, Umbrisch curnaco. — In der Bedeutung Rabe herrscht mehr das v für das n vor. corax, corvus, hebr. עורב Orev (Oreb, Rabe).

Im Sanscrit (Karawas für Krähe) fliessen beide Laute zusammen. Armenisch heisst die Krähe Kar.

Das deutsche Krähe (Krä), althochdeutsch chraia, chraja, altn. Kraka (corax) wird zumeist vom krächzen, also vom Geschrei abgeleitet. Dagegen nimmt Prof. Fick $\varkappa o\varrho\acute{\omega}\nu\eta$ wie $\varkappa o\varrho\omega\nu\acute{o}\varsigma$ (krumm) und vergleicht damit curvus und corvus[11]).

Andere wollen wieder das hebr. Orew von dem nächtigen Dunkel der schwarzen Farbe abgeleitet haben.

Aus diesen Ableitungen, sie mögen sprachlich richtig sein oder nicht, ist die Symbolik des Lichts, die man in der Krähe und dem Raben gefunden, nicht abgeleitet. Dazu diente eine andere Hieroglyphik, welche wie alle symbolische Bedeutung nach der Regel des Cratylus nicht eine vollständige Charakteristik des Thieres sein, sondern durch ein partielles Symbol eine bildliche Bedeutung gewinnen wollte.

Nun verstand man bei den Parsen unter Quarenô den göttlichen Lichtnimbus, der den berufenen König umgiebt. Dieses Wort leitet sich von einem verbreiteten Stamm Khar, der leuchten heisst. Von ihm hat Apollo, der Sonnengott, den Beinamen Karneios, Karnos als Glanzgott, mit ihm hat das hebr. Karan (קרן) glänzen den Zusammenhang. Es wird gebraucht, um den Glanz zu schildern, der das Haupt des Mosis umgab, wenn er aus der Gegenwart Gottes kam [14]).

Von diesem Stamm ist es gekommen, dass wie der Wolf ein Thier des Lichts geworden ist — weil er λύκος hiess — so auch die κορώνη, cornix, corax ein Bild des Leuchtens und der Sonne geworden sind, weil Khar, karan glänzen und strahlen bedeuten.

3. Ein solches sprachliches Bild liegt zu Grunde — wenn auch nicht allein entscheidend, dass der Hirsch zwischen Rabe und Krähe tritt als Thier des Lichts und des Sonnenjahres.

Das Geweih ist die entscheidende Eigenthümlichkeit des Hirsches. Davon ist er vielfach benannt. Von Keras (Horn) wird auch das altdeutsche hirot, ags. heorot, engl. hart geleitet. Auch cervus, lat., kommt daher und es vergleicht sich wie corvus zu cornix, ebenso cervus zu cornu.

Sanscrit heisst sowohl Karna wie Karva das Horn. Zendisch ist çrva das Horn und in beiden Sprachen wird davon der Hirsch benannt.

Die Galater nannten die Trompete, d. i. Horn carnos, wie hebr. Keren (קרן) das Horn heisst. Das Stammwort Khar ist aber grade so wie bei cornix (Krähe) bildlich mit Khar (glänzen) vertauscht. Aus solchem phonetischen Bilde kommt es, dass der Nimbus voll Glanz, den man am Haupte des Moses sich dachte, in Form von Hörnern vorgestellt war, weil eben Keren das Horn hiess. So erscheint Moses auf alten Kirchenbildern zumal; es sind nicht die Augen, wie Manche gemeint haben, welche damit bezeichnet werden. Wenn Alexander der Grosse der Zweigehörnte heisst — so hat dies in dem Doppelsinn des Karan den Grund. Er trägt das parsische quareno, den Nimbus des königlichen Berufs als Fürst des Orients und Occidents. Auf andere Symbolik des Horns sei hier nicht weiter eingegangen.

Aber der Hirsch erhielt hierdurch den Sonnennimbus. Er war wie der Wolf vom Licht benannt. Aus seinem Namen drangen die Sonnenstrahlen. Sein Geweih bedeutete Licht. Und dieses Geweih wurde regelmässig abgeworfen und keimte von selbst wieder. Es hing auch mit der Fortpflanzung der Hirsche zusammen. Wie die Sonnenstrahlen denen die Geweihe glichen — so verschwanden sie — und kamen wie diese zu ihrer Zeit wieder.

Es ist die Sonne, die weg geht und wieder kommt, ihr Scheiden und Wiederaufstehn darin abgebildet — wie in der Sage der Coronis, welche auf dem Scheiterhaufen stirbt.

Und zwar verlieren die Hirsche das Geweih immer zu derselben Zeit im Frühling und bekommen es so wieder. Sie sind daher besonders allen Lichtgöttern geweiht. Zuerst dem Apollo. Der Hirsch begleitet auf alten Denkmälern zumeist den Apoll, wenn er die Cither schlägt. Es war eine Beobachtnng, die man schon im Alterthum machte und welche die neue Wissenschaft bestätigt, dass der Hirsch die Musik liebt. Er wird durch das Jagdhorn und andere Instrumente gelockt. Etwas nüchtern ist der Grund, dass der Hirsch darum näher komme, wenn er Musik hört, weil er weiss, dass er von musicirenden Leuten nichts zu fürchten habe. Wenn es nur immer und nicht blos für den Hirsch wahr wäre, dass böse Menschen keine Lieder haben.

Namentlich war er dem Herakles heilig —; dieser Heros verwandelte sich im Kampfe gegen Typhon, den Feind der Götter, in Aegypten, in einen Hirsch. Herakles war der Inbegriff aller Schlangenfeinde und vom Hirsch geht nun einmal im Alterthum die bestimmte Meinung, dass er ein Schlangenvertilger sei. Sie sollen deren Höhlen aufsuchen und sie durch Einathmen der Luft herausziehen. Oppian beschreibt dies auf sehr poetische Weise, wie der Hirsch trotz des Zischens der giftigen Schlange sie ruhig kaut. In der neueren Zeit erklärt Lenz (Zoolog. der Griech. u. Röm. p. 222) dies für ein Phantasiestück und läugnet, dass Hirsche mit Schlangen etwas zu thun haben, und doch haben auch Naturforscher des vorigen Jahrhunderts noch behauptet, er suche in bestimmten Krankheiten Kröten und Schlangen auf. Man hat, um sich zu überzeugen, auch den Magen todter Hirsche untersucht und wirklich giftige Thiere darin gefunden[15]).

Daher glaubte man auch durch geschabtes Hirschhorn — wenn man es in die Flamme wirft und der Rauch aufsteigt, die Schlangen zu vertreiben. Man ist auch, nach der Sage, vor Schlangen sicher, wenn man einen Hirschzahn bei sich trägt. Die Schlange aber bedeutet den Tod — wie Typhon Wüste, Tod, Winter — aber ihre Besieger sind Herakles — Horus und Dionysos, in dessen Mysterien die Lehre von Unsterblichkeit und Wiederkehr der Mittelpunkt war. Auch die Krähe hatte eine besondere Stellung zu Dionysos. Einer Nymphe Koronis (Krähe) wurde auf der Insel Naxos der Auftrag, den Bacchus zu erziehen. Eine Koronis feierte das Bacchusfest und wurde dabei vor dem Anfall eines Butes durch den Gott beschützt. Aber von allen galt in den Eleusinischen Geheimnissen das Hirschfell. Wir haben ein Bild aus dem Alterthum, wo ein Kind auf ausgebreitetem Fell liegt, einen Widder hat es im Arm — unten kriecht eine Eidechse. Die Eidechse bedeutet den Tod, aber das Kind liegt ruhig auf dem Hirschfell, dem Symbol der Schlangenfeindschaft, d. h. der Unsterblichkeit [16]). Eingeweihte trugen Hirschfelle und durften darum den Fisch Gallos nicht tödten, obschon es ein Haifisch war. Denn Gallos klang wie Gale, das Wiesel, was ebenfalls Schlangenfeindlich ist — und hiess auch Nebrias, was ebenfalls Hirsch bedeutet. Den Namen des Hirsches Elaphos leitete man phonetisch spielend vom Schlangentödten ab. Es führte darum auch Mithridates von Pontus auf Münzen einen Hirsch [17]), weil er sich auch Dionysos nannte, wohl mit Beziehung auf seine nationalen und politischen Grossthaten gegen die Römer.

Der Hirsch gilt auch in der heiligen Schrift als reines Thier. Bei den Amerikanischen Urvölkern wird die Sonne unter dem Bilde eines Hirsches dargestellt [18]). Eine tiefsinnige Sage theilt Stanislas Julien in seinen Avadanas mit [19]). Buddha nimmt, als alle Thiere in der Gefahr sind durch Feuer zu sterben, die Gestalt eines gigantischen Hirsches an und macht sich so zur Brücke eines Stromes, über welchen alle Thiere sich retten können. Als sie alle hinüber sind — zerbricht seine Kraft, er stürzt in den Strom und stirbt.

Der Hirsch wird nach neueren Beobachtungen höchstens 40 Jahr alt. Im Alterthum glaubte man an ein hundertjähriges Alter und mehr, welches die Hirsche leben. Cicero[20]) sagt: Die Natur gab den Hirschen und Krähen ein sehr langes Leben. Plinius sagt, dass die Hirsche lange leben, sei bekannt. Man wollte nach Jahrhunderten Hirsche gefangen haben mit Ringen, welche Alexander der Grosse ihnen angelegt. Aristoteles zweifelte schon daran, aber dennoch erzählte man noch im 15. Jahrhundert, dass König Karl VI. von Frankreich im Walde von Senlis einen Hirsch erlegt habe, der ein Halsband mit dem Wappen trug: „Cäsar hoc me donavit", was aber allerdings nicht Julius Cäsar, sondern irgend ein deutscher Kaiser gewesen zu sein braucht. Jedenfalls haben noch im vorigen Jahrhundert Leute namentlich Hirschfleisch gegessen, weil sie dadurch ihr Leben zu verlängern glaubten. Für Freunde des Wildprets kein übler Grund.

Die Sage ist daraus entstanden, dass der Hirsch wie die Krähe einen Sonnencyklus bezeichnete.

Von grossem Interesse scheint folgendes. Als Frau des Phönix wird in griechischer Sage Alphesiboea genannt. Ich gehe wohl nicht irre, wenn ich in dem ersten Theil des Wortes das hebräische Alef, das griechische Elaphos erkenne: Hirsch — sodass der Name Hirschkuh bedeutete. Man erkennt darin die passende Symbolik, in welcher der Sonnenphönix mit der Hirschkuh verbunden wird, zumal der Beiname Alphaea, welchen die Schwester Apolls, Artemis trug, nichts anderes bedeutet und ihr besonders die Hirschkuh geweiht war.

Es kann auffallen, weshalb von den drei Thieren, die Sonnenjahre bedeuten, die Krähe die jüngste, der Rabe der älteste ist — der Hirsch zwischen ihnen steht.

Es geschieht dies wohl bei der Krähe mit Beziehung auf die Sage, dass Apollo ihr das Leben abgekürzt habe. Auf die Jahre des Hirsches, die über eintausend, wie wir sehen werden, betragen, führte wohl der Name אלף, welcher sowohl den Hirsch (Elaphos), als die Zahl tausend bedeutete. Dass der Rabe der älteste ward, konnte auch aus dem Orient sprachlich gedeutet sein, wenn man seinen Namen von רבה (Raba) viel sein und רִבּוֹ (Ribo) componirte (wie Orew und Rabe sich verhalten) was Vielheit hiess (von der Zahl, d. h. auch Myriade). Es sind ägyptische Symbole und Gedanken, die meist bei diesen Thieren hervortreten. Horapollo sagt: Wenn die Aegypter einen langen Zeitraum abbilden wollen, so zeichnen sie einen Hirsch. „Diesem wachsen immer von neuem die Geweihe. Er bedeutet langes Leben." Derselbe sagt: „Wenn sie einen Menschen zeichnen wollen, der ein volles Leben gelebt, so zeichnen sie eine sterbende Krähe. Denn diese lebt hundert auf ägyptische Art berechnete Jahre. Das Jahr bei den Aegyptern besteht aber aus vier gewöhnlichen Jahren." (Die Hundert ist runde Zahl, wie wir sehen werden.) Die Krähe und der Rabe lieben das Glänzende, stossen daher gern auf das Auge und fressen Aas.

Aber das galt als ein Zeichen der Heiligkeit bei den Aegyptern, weil sich die Thiere, die dies thun, damit statt mit Lebendigen begnügen.

Dies mag den Uebergang machen zu dem vierten Thier des Sonnencyklus, dessen Lebenszeit zu erkennen unser Hauptzweck war,. zum Phönix.

Capitel 2.

Die älteste Beschreibung des Phönix [1]), noch aus dem alten Aegypten und lange vor der Weltherrschaft Alex. d. Gr., giebt Herodot (2. 73) wie folgt: „Auch ist noch ein anderer Vogel heilig, mit Namen Phönix, den ich indessen nicht sah, als nur im Bildniss; wie er denn auch gar selten und wie die Einwohner von Heliopolis sagen, in 500 Jahren einmal zu ihnen kommt, — und zwar behaupten sie, er komme immer, wenn sein Vater gestorben ist. Er ist aber, wenn er dem Bildniss gleich sieht, in Grösse und Aussehn wie folgt. Theils ist sein Gefieder goldfasrig, theils roth, am meisten ist er wohl dem Adler im Umriss zu vergleichen und in der Grösse. Von diesem sagen sie nun, dass er Folgendes anstelle, was sie mich nicht glauben machen. Aus Arabien her trage er seinen Vater in Myrrhen eingemacht in das Heiligthum des Helios. Er trage ihn aber so; zuerst mache er aus Weihrauch ein Ei, so gross er es zu tragen vermag. Hernach erprobe er das Gewicht desselben und habe er es erprobt, so höhle er das Ei aus, um den Vater hineinzulegen, und dann verschliesse er mit frischem Weihrauch die Höhlung, worein er den Vater gelegt hat, wodurch, wenn der Vater darin liegt, wieder die nämliche Schwere herauskommt. So, sagen sie, mache es der Vater"

Es kann kein Denkmal und kein aufgefundenes Bild eine deutlichere Vorstellung machen von dem Geist ägyptischer Symbolik. In bunte Farben der Natur kleidet sich abstrakte Wissenschaft. Chronologische Gedanken reden in symbolischer Poesie. Es wird ein Vogel geschildert, der Phönix hiess — und es war nur das Bild eines Sonnenjahrs. Alles was darin gesagt wird — und auch was Spätere dazu dichten, bildet eine Sonnenwiederkehr ab. Es fehlt blos die Rückübersetzung des Symbols in die abstrakte Sprache, an welche wir gewöhnt sind.

Der Name Phönix bedeutet nichts als Sonnenjahr. Nichts ist heute mehr vom ehemaligen Heliopolis, der unterägyptischen Hauptstadt übrig, als alte Mauern. Den ältesten Obelisken untersuchte dort Lepsius [11]) den 13. October 1842. Schon zu Strabo's Zeit hatte die Stadt sehr gelitten — doch war sie noch der Sitz alter Priestercollegien. Man zeigte ihm ihre Gebäude — auch noch das Haus, wo Plato und Eudoxus, die Philosophen gewohnt hatten. Ebers [12]) nennt es die Universitätsstadt des alten Aegypten. Mit Heliopolis waren die Berichte vom Phönix immer verbunden. Es ist unbestritten, dass es im alten Testamente als On (און, אן) vorkommt. Jesaias umschreibt es als Sonnenhaus (Beth-Schemesch); die ägyptisch-griechische Uebersetzung giebt es als Heliopolis wieder.

Es war ein Priester von On, dessen Tochter Joseph vom Pharao Aegyptens erhielt, als er durch seine Weisheit Aegypten in schweren Jahren errettete. In On weist man in alten Inschriften Colonien der Hebräer nach. Der Priester von On hiess Potiphera, in welchem der ägyptische Name des Sonnengottes Phra oder Ra erscheint. Die Tochter hiess Asnat (Asenet אסנת), worin der Name der Göttin Neith, der „Mutter der Sonne" vorkommt. Joseph selbst erhielt den Namen Zophnat Paneach, wie die Masora punktirt — aber פענח bedeutet nichts als den Phönix, nehmlich Phenech mit dem Artikel, was den Aeon, den wiederkehrenden Zeitabschnitt (p ist der Artikel) bedeutet.

Die Form Phenech findet sich wieder, wo man sie nicht erwarten sollte. Plinius erzählt, dass der Vogel seinen Vater in den Tempel der Sonne bei Panchaea (prope Panchaiam) niederlege. Das fabelhafte Panchaea, was als wunderbares Sonnenland von Euhemeras ausgeschmückt ward, ist nichts als der Name des Phönix selbst, den man in seiner originalen Form (Phenech) nicht verstand. Die Form Phönix für Phenech darf nicht auffallen; das griechisch-lateinische x tritt für ch mehrfach ein. Nicht umsonst wurde die griechische Form des Buchstaben ṣ zum x umgewandelt¹⁴). Semitische Formen auf ch (ך) wechseln im Griechischen mit x wie רך und rex¹⁵). Es ist mir wahrscheinlich, dass das mystische Abraxas der Sekte des Basilides aus dem Abrach, welches in der Geschichte Josephs als Ruf der Verehrung erscheint, gebildet ist¹⁶). Die Bildung von dem Worte Phönix (φοῖνιξ) mag begünstigt worden sein durch die Beobachtung, dass der Zahlen werth 700 beträgt, was 50 mal in 35000, eine wie wir nachher sehen, bedeutungsvolle Zahl aufgeht.

Eine sehr interessante Bestätigung gewährt die Geschichte des homerischen Phönix, der geblendet wird, dann sein Auge wieder gewinnt, der Erzieher des Achilles ist und in Aeon (Eon) stirbt¹⁷). Alle Wiederkehr der Zeit hing von der Sonne ab. Nirgends mehr wie in Aegypten achtete man darauf. Nichts war den Aegyptern theurer wie die Sonne. Daher war auch im Wort Sonnenlicht und Zeitabschnitt in längeren und kürzeren Räumen identisch. Lykabas Sonnengang nannte man das Jahr. On (Sonne) hängt mit Aeon zusammen. Damit ist enos, eniautos, die griechische Bedeutung des Jahres verwandt; lateinisch annus. Der Ring (annulus) drückt die runde Wiederkehr auch am Finger deutlich ab.

Seit den deutschen Westgothen ist uns das Wort Aera für eine Zeitperiode geläufig; es ist aber doch sprachlich nichts auderes als das deutsche Jahr, wie auch für Januarius Aeonarius vorkommt. Jahr selbst ist mit dem Griechischen ear, eiar (Frühlingslicht) richtig zusammengestellt. Der Frühling ist der Sieg des neuen Lichtes, wie der Phönix im Frühjahr in Heliopolis erschien.

Aus dieser Verbindung von Licht und Wiederkehr, die im Jahr

erscheint, erklären sich die späteren Zahlenspiele, nach denen in Neilos — so gut wie in Abraxas und in Meithras die Zahl 365 als die Zahl der Tage des Jahres wiedergefunden wurden. — Merkwürdig genug ist es, dass wie das Sonnenjahr Phönix gegenannt ward, so auch die Phönicier und die Palme Phönix hiessen.

Einheimisch nannten sich die Phönicier nicht also —; ihr Land hiess Canaan, sie waren Canaaniter. Das „Niederland" war auch dort — wie an der Nordsee — die Heimath der seefahrenden Nation. Sie wurden nur von den Griechen — ihren späteren Concurrenten zur See — Phönicier genannt, und zweifellos von ihrem Wappen, das sie an den Schiffen trugen[15]): einer Palme, welche Phönix hiess. Ebenso wurde Cypern von der Cypresse benannt, welche der Schmuck ihres Landes war und aus deren Holz die berühmten Flotten gebaut wurden.

Die Palme selbst (Dattelpalme) — der Lebensbaum zumal des regenlosen Orients — hiess auch nur im Munde der Griechen Phönix. Einheimisch ist er anders benannt. Phönicier wurden aber die nur von den Griechen (Kleinasiens zumal) von der Palme benannt, die sie Phönix zu nennen gewohnt waren, so konnten sie zu diesem Namen nur kommen durch Kenntnissnahme von dem Symbol des Sonnenjahrs, welches in Aegypten Phönix hiess. Die Dattelpalme ist ja das Wunder ihrer Länder. Sie ist der Segen der Wüste, die Begleiterin der Quellen; sie ist für das Volk ein neues Leben. Was der Nil ist — mit seiner Fruchtbarkeit und seinen Gärten — das ist die Palme mit ihren Quellen. Sie ernährt, beschattet, ergötzt und gewährt Mittel zum Bauen für die Heimath, zum Wandern in die Ferne.

Man beobachtete an ihr ein Lebensalter wie an keinem andern Baum. Bei Plutarch heisst es: „Nun hat aber die Palme unter allen Pflanzen die längste Dauer, wie auch dieser Vers des Orpheus bezeugt

Lange lebten sie, gleich den hochgewipfelten Palmen."

Es war also an ihr die Eigenschaft eines Zeitalters, wie an der Krähe und dem Hirsche angenommen ward und zumal dem Phönix eigen sein sollte. Es wurde auch von der Palme erzählt, dass sie, (die Nachricht stammt von Theophrast) wenn auch der ganze Stamm zerstört und abgehauen wird, aus ihren Wurzelfasern von neuem sich verjüngt. Es giebt Wälder, sagt Plinius, von Palmen, die abgehauen von der Wurzel auf wieder keimen.

In Chora (nehmlich Unter-Aegypten, cf. La Croze. Lex. p. 39), erzählt Plinius, ist eine Palme, „welche dasselbe zeigt mit dem Vogel Phönix, welcher aus der Bedeutung dieser Palme den Namen empfangen haben soll, die sterbe und sich wieder erzeuge von selbst. Sie trug Früchte, während ich das mittheile."

Die Einen beobachteten an ihr, dass sie verpflanzt werde beim Aufgang des Hundssterns: Andere nennen als Zeit den Frühling.

Man hatte ihr aus diesem Grunde offenbar schon in uralter Zeit denselben Namen gegeben, dessen Bedeutung die Aegypter in dem wiederkehrenden und langlebenden Vogel abbildeten.

Die Palme wurde bekanntlich das berühmte Symbol des Sieges. Den Siegern, d. h. denen, die den Frieden gewährten, wurde sie dargebracht. Ein seltsames Wunder erzählt Plinius, dass im Kriege der Römer gegen Perseus aus dem Haupte der Bildsäule des Zeus eine Palme hervorgewachsen sei, und also „Triumphe und Sieg" weissagte. Dieses Symbol des Sieges wurde sie nur dadurch, dass sie Phönix hiess — als Bild der Sonne, welche das Vorbild der Ueberwinder und Sonnenhelden, wie Herakles, Horus und Apollo, wie Perseus und Bellerophon war.

Nur weil die Palme Phönix hiess und in diesem der Gang der Sonne sich abbildete, steht wie schon Odysseus im Homer schildert eine Palme am Altar Apollo's. Nur darum hat sie auch eine Bedeutung bei der Geburt des Apollo und der Artemis. Darum neigt sich, wenn Phoebos (die Sonne) kommt, wie Kallimachus singt, die delische Palme und der Schwan durchtönt melodisch die Luft. Es erscheint daher auch neben Apoll auf Vasenbildern die Palme. Phönix und Palme als Sonnenbilder verbinden daher auch Aegypten und Syrien, wie die Palme selbst in Beiden heimisch war, — und zwar nicht blos diese in der Natur, sondern auch in der Kunst. Die Palme ist das schönste Bild einer Säule; ein Palmenwald ist eine köstliche Säulenhalle. Ihn bildete das symbolische Alterthum in den Sonnentempeln nach. Darum sind diese zumal von Säulenhallen umgeben. Herodot hat hierüber eine lehrreiche Notiz. Im Heiligthum zu Sais, wo die Göttin Neit verehrt ward, begruben die Aegypter ihre Könige. Neit gilt als Zeitmutter der Sonne. Von ihr haben eben Zafnat als Beinamen Josephs, der mit Phenech verbunden war, und Asnat den Namen erhalten. Amasis wurde in einer Tempelhalle begraben, die aus Säulen gebildet war — welche Palmbäume vorstellten. Also ein Grabmal in einem Raum von steinernen Säulen, welche das Wiederaufleben symbolisiren. Wie in Unter-Aegypten gab es in Syrien ein berühmtes Heliopolis, ein Sonnenhaus (Betschemesch), das heutige Baalbek, dessen Trümmer noch immer anstaunenswürdig sind. Es wird im alten Testament On genannt (Aeon) wie jenes in Unter-Aegypten. Der Prophet Amos ruft aus: „Ich zerbreche die Riegel von Damascus und rotte aus die Bewohner im Thal von On," (wo die Masora spöttisch accentuirt statt און die Sonne — lieber אָוֶן die Sünde.)

In diesem Sonnentempel des heutigen Baalbek bemerken die Reisenden noch das Abbild des Vogel Phönix. Man erkennt ihn an seinem Federbusch. Prachtvolle Säulenhallen umgeben das Haus.

Noch berühmter als Heliopolis war Palmyra. Von Palmen hatte es den Namen, aber nicht von natürlichen, sondern von den Säulen, welche wie ein ungemeiner Palmenwald den Sonnentempel einschlossen. Palmyra ist gebildet nach dem orientalischen Tadmor oder Tadmyra. Denn Tamar (Tadmar) bedeutet die Palme. Der Sinn des Namens war nicht blos Palmenstadt, sondern gewissermassen Phönixstadt, Sonnenstadt wie Bet-schemesch und noch heute sieht man wie in den Ruinen von Baalbek — auch dort den Adler mit dem Büschel auf dem Haupt, den Phönix des Sonnenganges. Der Römische Kaiser Elagabal war ein Sonnenpriester gewesen in Emesa und Heliopolis. Die Nachrichten der Römischen Schriftsteller über ihn sind zum Theil verzerrend und missverstanden. Sie haben seine Bräuche in ihrem Symbol nicht erkannt. Wenn es heisst, er habe seinen Freunden einen Phönix versprochen [9]) — so meinte er nicht einen bunten Vogel — sondern das Sonnenlicht. Er ging auch mit dem Gedanken um, in Rom eine gewaltige Sonnensäule zu errichten.

Auch vom Kaiser Antonin dem Frommen wird gemeldet [10]), dass er es unternommen habe, den grossen Sonnentempel in Baalbek zu bauen. Es ist dieser Kaiser, welcher auf seine Münzen den Phönix setzt, mit der lehrreichen Umschrift, die von der Bedeutung des Namens zeugt, nehmlich Aeon.

Allerdings heisst beni Koptisch die Palme, und wird damit Joh. 12, 13 (φοινίκες) übersetzt, aber mir scheint, dass dies aus dem griechischen Phönix selbst erst gebildet ist, zumal wenn auch beni, benne für den Phönix als Vogel vorkommt. Die Zahl der in die Koptische Uebersetzung der Bibel übergegangenen griechischen Worte ist nicht gering.

Der uralte ägyptische Ausdruck für Palme ist wohl bet, bait, was in das griechische βαίς, βαίον überging.

Aus beni würde auch ein griechisches Phönix schwerlich geworden sein.

Was Horapollo sagt, dass, wenn die Aegypter eine vieljährige Wiederkehr (Apokatastasis) bezeichnen wollen, sie einen Phönix malen — (II. 57) und dass sie dies auch thun, um Jemanden zu bezeichnen, welcher aus langer Ferne in die Heimath kommt — bestätigt sich überall. Auf den Ablauf eines Sonnenjahrs und die Sonne selbst geht alle Symbolik des Phönix. Die Annahme seines Symbols für einen Wanderer, der von langer Ausfahrt zurückkommt, passt seltsam auch für den Phönix, den Phönicier, der sich auf lange Meerfahrten begiebt, um mit Reichthümern beschwert zurückzukehren, — aber anderseitig kehrt Phönix, der Sohn des Agenor, ausgesandt die Europa zurückzubringen, nicht zurück, da er sie nicht fand und ging nach Afrika —. Ging er nach Aegypten, so kam er allerdings aus weiter Ferne und langen Jahren — um abzuschliessen und neu anzufangen. Die Perser nannten den Phönix mit klarem Verständniss Atesch, d. i. Licht.

Capitel 3.

1. Herodot sagt: Der Phönix sei dem Adler ausserordentlich ähnlich an Gestalt und Grösse.

In Baalbeks Tempeltrümmern findet sich, wie schon angedeutet, ein Adlerähnlicher Vogel. Der Sonnentempel war so construirt, dass der erste Strahl des aufgehenden Gestirns sein innerstes Heiligthum treffen konnte. Aehnlich ist der Vogel mit ausgebreiteten Schwingen über dem Hauptportal des Tempels in Palmyra auf Sternengrund zu sehen (abgeb. bei Wood. Tab. XVIII.) Es ist kein Römischer Adler; er wird von diesem durch den eigenthümlichen Federbusch unterschieden. Es bedeutete dieser die Sonnenstrahlen[31]). Plinius schildert den Phönix mit einem solchen Busche (caput plumeo apice cohonestante).

In Arabien war der Nasr (hebr. נשר Adler) einer der Hauptgötzen der vormuhamedanischen Zeit. Der Koran erwähnt seiner als eines heidnischen Gegensatzes gegen die Lehre des Noah. Namentlich von den Benu Himyar, einem berühmten arabischen Stamm, soll er verehrt worden sein. Auch der Talmud zählt unter fünf berühmten Tempeln der Heiden den des „Adlers in Arabien" auf. Aber es ergiebt sich bei Beobachtung der alten Thiersymbole, dass es auch für die Volksnaturgeschichte Gruppen gab, die nach ihrer ähnlichen Art und Lebensweise mit einem Gattungsnamen benannt wurden. Es gehen die Namen der Thiere in der Gattung canis, Hund in einander über. Es haben Rind, Hirsch, Kameel ähnliche Namenvermischungen.

So ist der Name Neser nicht blos für Adler, sondern auch für Geier in Gebrauch. Die Beobachtungen Oedmanns waren ebenso unrichtig, wenn er den Neser nur für den Geier hält, wo er im alten Testament erscheint, als die Meinungen derer, welche darin blos den Adler sahen. Die räuberische und kriegerische Kraft, die im Namen liegt, gehört dem Einen wie dem Andern an. Auch das griechische Aetos (aeitos) hat die allgemeine Bedeutung des grossen schwebenden Vogels an sich. Ihm entspricht völlig das hebräische ait, was ein Raubvogel ist, wie das sanskritische vijakharin, womit zumal der Geier bezeichnet wird. Es ist eine geheimnissvolle Stelle, wo in der Genesis das Wort ait vorkommt. Abraham zerstückte seine Opferthiere, nur die Taube nicht. Da kam der Ait auf das Aas herab, aber Abraham verscheuchte ihn.

Grade das Herabstossen der Raubvögel, des Adlers, Geiers und des Habichts (Sperbers, Falke), namentlich des Hierax, auf das Aas hat ihnen in der ägyptischen Symbolik eine höhere Bedeutung eingetragen. Man stellte in ihrem Genuss des Aases die Tugend dar, welche das Lebende verschont und sich mit dem Todten begnügt. Aber Abraham hat nicht für die Raubvögel, sondern für seinen Gott geopfert, auf dessen Wunder er harrte. In seiner Verscheuchung des Raubvogels spricht sich ein Contrast gegen ägyptische Symbolik aus.

Der mythische Vogel der indischen Welt, Garudha — das Bild der Sonne offenbar — wird mehr als Geier dargestellt. Garudha hat schöne goldne Flügel und „wenn er Tropfen ausgiessend mit dem Blicke des Geiers umherschaut und zum Meer geht, dann wirkt die Sonne im reinen Licht."

Garudha kämpft mit den Schlangen wie die Sonnengötter in der griechischen Sage. Es ist der Sonnengeier, auf welchem Wischnu, der Lebensgott der indischen Natur, seinen Umritt hielt. In einer indischen Sage des Pantschatantra spricht daher Garudha im Zorn zum Meere, dass er es austrocknen werde. Auf sein Zureden nahm Wischnu den feurigen Pfeil, um ihn auf das Meer zu entsenden. Der feurige Pfeil ist das Bild der Sonnenstrahlen, wie in der Sage des Apollon, welcher auch in seinem Köcher die Pfeile des Todes und der Dürre enthält. In den Indischen Tempeln ist daher Wischnu mit dem Vogel dargestellt, der einen Bogen trägt. Es ist jener Garudha, gegen den andere Vögel die Eule als Gegenkönig aufstellen wollen, was die Krähe, wie oben erwähnt ist, verhindert.

2. Bei den Griechen ist es der Adler als Vogel des Zeus, an dem man die Schärfe des Augenlichts vor Allem preist. Es heisst im Homer:

„Wie ein Adler, welcher gelobt wird
Scharf vor allen zu sehn, den luftdurchschweifenden Vögeln,
Dem auch nicht in der Höhe der flüchtige Hase versteckt ist
Unter umlaubtem Gesträuch."

„Der Adler, sagt Aristoteles, hat ein äusserst scharfes Gesicht und zwingt seine Jungen, wenn sie noch unbefiedert sind, in die Sonne zu schauen. Weigern sie sich, so rauft er sie und wirft sie um. Nun passt er auf, wessen Augen am ersten thränen. Diesen tödtet er, jenen zieht er auf." Apulejus sagt spöttisch: „Wenn es auf Schärfe der Augen, nicht auf Urtheil des Geistes ankäme, müsste man gewiss dem Adler die höchste Weisheit zusprechen." In dieser Schärfe und Allsichtigkeit der Augen war der Adler ein Symbol der Sonne. Man übertrug die Kraft der Sonne, von der er nur ein Bild war, auf ihn selbst. Denn die Sonne sieht Alles. Helios, heisst es in der Odyssee, hört und sieht Alles. Das Sonnenlicht dringt überall hin. —

In den Sagen kommen die Suchenden bis zur Sonne hin, um

sie nach dem Verborgenen zu fragen, weil sie Alles weiss. Mit dem Auge der Sonne übersieht in der deutschen Göttererzählung auch Odin alle Welten.

Dieselben Eigenschaften kommen in ägyptischer Tradition dem Geier zu. Noser heisst koptisch der Geier. Von Gyps (γύψ) dem Geier sagt Horapollo, dass die Aegypter, wenn sie das Gesicht der Augen (βλέψιν) zeichnen wollen, diesen darstellen, weil er von allen Geschöpfen das schärfste Gesicht habe, sodass er von West nach Ost, von Ost nach West sehe. Man erkennt schon an diesem Wort die Symbolik der Sonne. Es ist auch gewiss nicht erst ein Einfall des Manuel Philes, wenn er den Namen Aegypios (Geier) wie Aegyptios (Aegypter) auslegt. Er meint zwar, weil er schwarz sei. Philes hat nichts eigen, sondern nur aus älteren Schriften compilirt. Die, welche Aegypios mit Aegyptios für eins halten, dachten wohl daran, dass im Namen des Landes Aegypten der Name des Ptah, des Sonnengottes enthalten sei.

3. Wenn nun auch Adler und Geier Sonnenbilder sind — das wahre ägyptische Abbild des Phönix als Vogel ist der Hierax. Dahin geht Name, Symbol und Heiligthum. Man zeichnete mit ihm den Gott und zumal den Horus, die überwindende, rückkehrende Sonne; — als solche, meint wohl Plutarch, dass er auch dem Osiris entspricht. Horapollo sagt: „Wenn man den Gott, die Sonne, den Sieg zeichnen will, so thut man dies mit einem Hierax."

Schon hieraus sieht man seine Identität mit dem Phönix, dessen Name nur eine andere abstrakte Eigenschaft desselben Vogelbildes darstellt. Phönix ist ja eben auch die Palme des Sieges. Der Hierax heisst koptisch bait, was auch Palme heisst, sodass man dieselbe Correspondenz hat wie zwischen Phönix dem Sonnengang und Phönix der Palme.

Der Name ἱέραξ (Hierax) hat aber nichts mit dem griechischen ἱερός (heilig) zu thun — obschon in dieser Bildung die Heiligkeit bezeichnet ist, die man ihm zuschrieb. Hierax leitet sich offenbar vom semit. ירח (kreisen), sich umdrehen. Es verhält sich dann ירח (Kreislauf) zu Hierax, wie Phenech zu Phönix. Von diesem Stamme ist daher auch hebr. Jareach (der Mond) abgeleitet. Es ist daher merkwürdig, wenn Horapollo sagt, dass die Aegypter den Aeon (die wiederkehrende Zeit) durch Sonne und Mond ausdrücken, welche umkreisen. Die Stadt Jericho wird die Ableitung vom Hierax haben — zumal sie sonst auch Palmenstadt heisst, Palme und Hierax aber mit einander correspondiren.

Es war also gewiss ein Hierax, den Herodot sah — und der als Phönix mit dem Büschel geschmückt war. Ein heiligeres Thier gab es in Aegypten nicht. Herodot erzählt, dass wer einen solchen Vogel tödtet, selber sterben muss. Diodor berichtet, dass die Priester auf dem Haupt einen Hieraxflügel trügen. In Philä verehren sie, wie Strabo berichtet, einen hierax, der aus dem Süden käme und würde immer ein neuer gebracht, wenn der alte todt wäre, was ja offenbar denselben Gedanken wie der Phönix ausdrückt. Wie die Raben wissen, auf welche Weise Blinde wieder sehend werden, so sagt Horapollo, gebrauche man Hieraxkraut gegen Augenleiden, weil der Hierax das Abbild der sehenden Sonne sei. Noch vor wenigen Jahrhunderten warnte ein Arzt[11]) Levin Lemnius davor, bei Augenübeln Geier- oder Habichtsgalle anzuwenden. Und aus Tyrol — so weit verbreiten sich Volksanschauungen — erzählt Zingerle[13]) ein Mährchen, wo ein Blinder den Bescheid erhält, er könne nicht eher sehen, als bis man ihm den Vogel Phönix gebracht habe.

4. In ähnlicher Weise wie man den Krähen und Raben und Hirschen ein langes Leben zuschrieb, weil sie Bilder von Sonnenjahren waren — wie daraus sich, was ferner betrachtet werden soll, die Lebenszeit des Phönix erklärt — so wurde dies auch von den Raubvögeln berichtet, welche Sonnenbilder wurden. Zwar behauptet man, es sei faktisch, dass Adler ein hohes Alter erreichen. In Wien starb 1719 einer, der 1615 eingefangen sein soll, also 104 Jahr alt ward; aber aus solchen Beobachtungen konnte die alte Meinung vom sehr langen Leben der Vögel kaum entstehn. Der griechische Name des Adlers aetos, aietos wurde durch aei (immer)

und etos (Jahr) erklärt, also immer lebend. Epiphanius sagt: „Der Adler empfing von seinem sehr langen Leben den Namen."
Dasselbe gilt nun in Aegypten zumal vom Hierax. Sie zeichnen Gott, sagt Horapollo, durch einen Hierax, weil dies Thier langes Leben habe. Mit demselben Vogel bezeichnen sie auch die Seele — und anderswo sagt er wieder, dass man die Seele durch den Phönix darstelle, weil dieser von allen Thieren das langlebigste sei.

Aber noch deutlicher zeigt sich der Gebrauch des Raubvogelbildes für den Phönix in seiner Erneuerung und Verjüngung alter Zeit. In Psalm 103 heisst es: „Und erneuert wird wie der Adler deine Jugend." Eusthatius erzählt: „Sie sagen, der Adler vom Alter ermattet, wird stumpf an Schärfe der Augen und schwerfällig in den Flügeln, eile zu einem Quell, aber mitten in dem Fluge werden seine Flügel von der Sonne verbrannt; er erhalte sein Gesicht wieder, wenn er in den Quell gestiegen sei und sich dreimal darin untertauche, dann werde er erneut." Auch ein griechischer Ausleger zu den Psalmen sagt: „Der Adler wird nach 500 Jahren (wie der Phönix bei Herodot) erneut. Verbrannt von der Sonne und eingetaucht in den Wasserquell, wird er wiederum jung erfunden."

Es schliessen sich daran mythische Erzählungen vom Jungbrunnen und Gedanken von Wiedergeburt aus dem Wasser —, wie sie dem Volksbewusstsein noch in christlicher Zeit eigen zu sein pflegten.

5. Der Vogel, sagt Herodot, hat goldfarbige ($\chi\varrho\upsilon\sigma\acute{o}\varkappa o\mu\alpha$) und rothe ($\grave{\epsilon}\varrho\upsilon\vartheta\varrho\acute{a}$) Flügel. Es sind eben die Sonnenfarben. So hiess auch Apollo Erythibios von der Röthe; der Beiname Chrysokomos, (goldhaarig) ist für Apollo gewöhnlich und wird auch dem Dionysos beigelegt. Bei Plinius wird noch etwas mehr Schmuck hinzugefügt: „Er hat Goldglanz um den Hals, sonst ist er purpurfarbig; der blaue Schweif ist mit rosafarbigen Federn geschmückt." Die späteren Schriftsteller malen dies noch phantastischer aus, je mehr man den Pfau und die bunten Vögel des Orients kennen lernte. Der

Flamingo wurde daher auch Phönicopteros — entweder phönixflügelig oder vom Purpur genannt. Flamingo's und Pfauen streiten mit einander in den Indischen Sagen. In einer Aesopischen Sage will der Pfau König sein — aber eine schwarze Dohle hindert das und weist auf den Adler hin. Nicht die Schönheit entscheidet, sondern die Kraft. Diese Sage ist nicht der analog, wie Benfey meint, welche wir oben von der Eule und Krähe berichtet haben. Eine chinesische Sage bei Stanislaus Julien erzählt, dass der Phönix einst seinen Geburtstag feierte und alle Vögel zu seiner Cour kamen. Nur die Fledermaus kam nicht. Der Phönix stellte sie zur Rede. Ich hatte nicht nöthig zu kommen, sprach sie, ich gehöre nicht zu den Vögeln, ich habe vier Füsse. Ein anderes Mal kamen alle Thiere mit vier Füssen, da fehlte sie wieder. Ich bin kein vierfüssiges Thier, sagte sie nun, ich habe Flügel. Diese Beobachtung der Doppelnatur der Fledermaus hat zu manchen Geschichten Veranlassung gegeben. Die Fledermaus ist ein Vogel der Nacht; ihr griechischer und lateinischer Name drücken dies aus (Nykteris, Vespertilio); der deutsche Name ist vom Flattern entlehnt, daher sogar Schmetterlinge so hiessen, während im Südwesten Deutschlands der Ausdruck Speckmaus für Fledermaus vorkommt, weil sie Speck und Oel lieben, auch damit gefangen werden. Sie will als Nachtvogel dem Sonnenphönix nicht gehorchen, wie die Eule dem Garudha entgegen ist. Man zauberte mit der Fledermaus und machte die Waffen der Andern unkräftig. Wie sie dem Phönix nicht gehorchen will, so widerstrebt sie dem Wiesel (welches ein Thier des Lichtes ist, wie der Hirsch), das eine Mal als Vogel, das andere Mal als Maus — so in der Aesopischen Fabel n. 109. In einer andern Fabel wird ihre Liebe zu Nachtausflügen daher erklärt, dass sie die Gläubiger fürchtet, weil sie Geld schuldig sei.

Die Muhamedanische Sage erzählt[34]), dass der Knabe Jesus Fledermäuse geschaffen habe — damit meint sie nicht etwa, wie man wunderlicher Weise erklärt hat, eine Heiligung[35]) derselben, damit sie nicht getödtet werden — sondern es liegt darin eine spöttische Hinweisung auf die Doppelnatur, welche in Jesu erscheint, und welche er gewissermassen von seinen Jüngern als Menschen und Gotteskindern verlangt.

6. Herodot erzählt ferner, dass der Phönix seinen Vater aus Arabien und zwar in Myrrhen eingemacht in das Heiligthum des Helios trage und auch daselbst begrabe. Von Myrrhen reden auch alle Späteren. Bei Ovid macht er ein Nest aus Myrrhen, Cassia und Narden und bringt den Vater nach der Stadt des Hyperion. Auch Mela redet von einem Nest von Wohlgerüchen und Myrrhen, worin der Vater nach der Sonnenstadt gebracht wird. Weihrauch und Myrrhen werden mit einander verbunden. Wie Herodot zwischen Myrrhen und Weihrauch abwechselt, so hat Plinius Weihrauch, Tacitus Myrrha, Artemidor smyrna, was nichts als Myrrhe ist.

Das Symbol ist leicht zu deuten. Man schrieb der Myrrhe zu, dass sie gegen Verwesung schütze (Diodor 1. 91); sie war eins der Hauptmittel, welches man zur Einbalsamirung der Todten gebrauchte. Der Phönix wird gewissermassen wie ein einbalsamirter Mensch im Tempel beigesetzt; die chronologische Wissenschaft war die Todtenkammer der alten Sonnenjahre, aus der ein neues wieder hervorbrach.

Interessant ist auch der Zusammenhang, der zwischen dem Phönix und den Myrrhen auch in andern Sagenkreisen sichtbar wird. Hesiod (vgl. Apollodor 3. 14) nennt das phönicische Sonnenbild — den Adonis, einen Sohn des Phönix und der Alphesiboea. Anderseitig wird wieder Smyrna oder Myrrha die Mutter des Adonis genannt — und die Tochter von Theias und Oreithyia, welche Namen doch mit Bezeichnungen für Weihrauch zusammenhängen. Ovid nennt die Myrrhe eine Tochter des Cinyras und der Kenchreis, welche in der cyprischen Sage eine Bedeutung hatten. Cinyras von כנור (die Laute) ist der Sohn des Kyknos, des Schwanes, der mit dem Phönix gleichfalls, wie wir sehen werden, mythische Beziehungen hat. Kenchreis ($\kappa\epsilon\gamma\chi\rho\delta\varsigma$) bildet die Weihrauchkörner, wie das sogenannte Manna der Myrrhen ab und ist ein anderer Name [16]) für den Hierax, welcher als Phönix das Sonnenjahr abbildet. Aehnlich heisst es bei Antonius Liberalis, es sei Myrrha auf dem Berge Libanon geboren. Libanos (לבנח) heisst Weihrauch; auch das Cedernharz, welches vielfach beim Einbalsamiren in Betracht kam, konnte ein Kind des Libanon, eine Oreithyia heissen.

Fulgentius [37]) sucht die Sage von Myrrha als Mutter des Adonis zu deuten, und irrt, indem er Adon im Griechischen Süssigkeit (süss) bedeuten lässt, weil er es mit Hedys verwechselt.

Plutarch sagt, man habe die Myrrhe auf ägyptisch σαλ (statt der verworfenen Lesart βάλ) genannt. Es steht ja fest, dass koptisch σαλ, σχάλ oder χάλ die Myrrhe genannt ist. (cf. Ebers Moses u. Aegypt. p. 290.) Die Myrrhen, die Jesus dem Kinde gebracht werden, und die Myrrhen, welche Nicodemus für den Leichnam Jesu gebraucht, werden in der koptischen Bibel so übersetzt. Es ist dasselbe Wort, welches Plinius (37. 36) sacal, d. h. schal oder chal nennt. Nach der Meinung Plutarchs reinigt der Myrrhenduft das Gehirn und darum nannte man es „Ausmerzung der Thorheit", und wohl nicht aus dem doch seltsamen Grunde, welchen Parthey und ihm nach Ebers für diese Uebersetzung angeben.

In der Passionsgeschichte, wie sie Marcus erzählt, wird berichtet (15, 22. 23): „Und sie brachten ihn an die Stätte Golgatha, das ist verdolmetscht Schädelstätte — und sie gaben ihm Myrrhen im Wein zu trinken, er nahm's nicht zu sich" (ἐσμυρνισμένος οἶνος).

Dieselbe Thatsache in derselben Ordnung wird im Matthäus 27, 33. 34 erzählt und lautet: „Und gaben ihm Essig zu trinken mit Galle vermischt, und da er es schmeckte, wollte er es nicht trinken." Während der Bericht des Marcus sonst mit dem des Matthäus völlig übereinstimmt, nur dass Matthäus ausführlicher ist, tritt hier eine bedeutungsvolle Abweichung heraus. Matthäus bezieht sich mit der Galle im Essig (ὄξος μετὰ χολῆς μεμιγμένον) zu ausführlich nach Ps. 69, wo es heisst: „Sie geben mir Galle (χολήν) zu essen und Essig zu trinken in meinem grossen Durst," als dass Marcus dies hätte übergehen können, wenn er es so entlehnt hätte. Es handelt sich bei dem Myrrhenwein nicht um die Bitterkeit — nicht deshalb wollte ihn Jesus nicht trinken, sondern um die Betäubung, die er bereitete. Dieser wollte er entgehen. Nicht betäubt, sondern geistesfrei wollte er leiden. Dieser Myrrhenwein wurde dem Gerichteten gleich im Beginn gegeben — während die Anwendung des Psalms erst bei dem eintretenden Durst einen Platz finden konnte, erst nachdem Christus gesprochen: „Mich dürstet." Die Erklärung dieser Verschiedenheit liegt in der gemeinsamen Quelle; ursprünglich hiess es, sie geben ihm Wein μετὰ χολῆς, d. h. mit Myrrhen; daraus ist wohl mit Beziehung auf Ps. 69 die Lesart χολῆς entstanden. In der That haben Mss. auch im Matthäus die Lesart οἶνος.

Herodot erzählt, dass der neue Phönix immer nach Heliopolis komme, wenn sein Vater gestorben ist. Er trage ihn dann aus Arabien in Myrrhen eingehüllt in den Tempel der Sonne. Und zwar mache er dies so, dass er erst ein Ei aus Weihrauch mache, so schwer wie er es tragen kann. Dann höhle er es aus, lege seinen Vater hinein und verstopfe die Oeffnung so weit mit Weihrauch, bis dieselbe Schwere hergestellt wird.

Diese Nachricht hat nur Herodot und sie ist eben ächt ägyptisch.

Das Ei ist das Bild des Grabes, aber dieses ist aus Myrrhen. Das alte Sonnenjahr wird wie ein Aegypter einbalsamirt und für die Wiederkehr verwahrt. Es ist das Bild einer chronologischen Mumie. Das, was er von dem Messen des Eies redet, dass es auch dasselbe Gewicht habe, stellt die chronologische Aufgabe der Berechnung des Sonnenjahrs dar. Eins darf nicht schwerer, d. h. nicht länger als das andere sein bis auf die Bedeutung eines Weihrauchkorns, etwa einer Minute.

Herodot erzählt nur von der Bestattung des Phönix in ein Ei, aber nichts von der Erstehung des neuen Vogels. Aber von Ptah (dem Sonnengott) wird berichtet, er sei aus einem Ei geboren. Das

Ei war ja das Bild des Grabes als Bild der irdischen Welt, die alles aufnimmt und alles erzeugt. Wir handeln anderswo darüber. Anders erzählt Plinius von seinem Tod. Er sei heilig der Sonne in Arabien; als Greis bereite er sich aus Cassia und Weihrauch ein Nest, erfülle es mit Duft und sterbe. Aus seinen Gebeinen und Eingeweiden komme zuerst ein Wurm — der werde ein junger Phönix, dessen erstes Amt ist, das ganze Nest hinzutragen bei Panchaea in die Sonnenstadt und es dort auf dem Altar niederzulegen. Die Nachricht hat eine zum Theil ägyptische Färbung. Die arabische Heimath hat auch Herodot. Arabien war das Land der Myrrhen und des Weihrauchs und lag gegen Osten, aus welchem die Sonne aufsteigt um im Westen sich niederzulegen. Dass ein Wurm sich aus den Gebeinen des alten Phönix bilde, welcher dann in den neuen Vogel übergehe — könnte von dem Bilde der Raupe entlehnt sein, aus welcher der Schmetterling hervorgeht, wenn nicht auch der Wurm das aus der verwesenden Natur hervorgehende neue Leben offenbaren soll. Ein besonderes Räthsel war die Mittheilung, dass der Vogel seinen Vater in den Tempel der Sonne prope Panchaiam niederlege. Ich habe oben schon angedeutet, dass in Panchaea[26]) ohne Zweifel der ägyptische Name des Phönix, Phenech, steckt. Plinius hatte eine Notiz, dass er ihn in die Sonnenstadt im Phönixtempel niederlege. Ausserdem war ihm jene fabelhafte Panchaea des Euhemerus bekannt, die er nur damit verwechselte.

Tacitus hat dieselbe Nachricht wie Herodot von der sorgfältigen Abmessung des Gewichts der Myrrhen,- damit er den Vater tragen könne, aber er spricht auch nur vom Nest, nicht vom Ei. Er erzählt, dass der Greis ein Nest baue und ihm Zeugungskraft gewähre — daraus entstände eine Geburt, die den erwachsenden Vater begrabe. Darin ähnelt sein Bericht dem des Plinius. Bei Beiden baut der Greis das neue Nest — und wird der neue Spross erzeugt — (was Plinius Wurm nennt, heisst bei Tacitus foetus);

bei Beiden wird der Greis erst von dem erwachsenen Sohn in die Sonnenstadt getragen.

Es ist ein neues chronologisches Bild, das hier erscheint. Der greise Phönix stellt den Vater dar. Das Sonnenjahr wird im Winter begonnen, wo die Sonne klein ist wie ein Kind. Aber erst im Frühling, als Jüngling (adultus, adolescens) bringt er den alten Phönix nach Heliopolis und wird er selbst gesehen. Diese Anschauung fehlt bei Herodot, der nur sagt, er komme, wenn sein Vater gestorben ist. Die Bemerkung ist aber darum wichtig, weil sie darüber belehrt, dass das Kommen des Phönix im Frühling angenommen ward, was auch richtig ist, wie wir weiter sehen werden.

Plinius hat nur, dass er den alten Vater auf den Altar der Sonnenstadt bringe. Tacitus aber, dass er ihn dort auch anzünde (adolere).

Damit verlassen die Berichte die alte ägyptische Anschauung. Bei Herodot wird er im Grab wie ein Aegypter beigesetzt. Dass er auf dem Sonnenaltar verbrannt wird — erinnert an andere Ideen der Völker, die in Aegypten nicht heimisch waren.

Die späterhin geläufige Anschauung, dass der Phönix sich selbst verbrenne und aus seiner Asche der neue Vogel hervorgehe — wird zuerst nach Tacitus von Artemidor erwähnt. Danach „fliegt der alte Phönix nach Aegypten, baut dort einen Scheiterhaufen von Cassia und Myrrhen, stirbt, und nach einiger Zeit glaubt man wird ein Wurm aus der Asche geboren, welcher heranwachsend zum Vogel wird." Aber es ist dabei auf den Phönix — der ja die Sonne darstellte, übertragen, was man im asiatischen Cultus vom Selbstverbrennen des Sandon oder des assyrischen Herakles berichtete. Die Geschichte der Scheiterhaufen, auf welchen Sonnenhelden sterben, um neu zu leben, ist eine völlig asiatische, dem Agyptischen Ideenkreis ferne, auf die wir hier verzichten einzugehen. Lucian nennt den Vogel darum einen indischen, weil die Selbstverbrennungen aus Indien bekannt waren. Von jenem wunderlichen Peregrinus Proteus, der den Scheiterhaufen selbst freiwillig bestieg, sagt er daher spöttisch, er solle sich Phönix nennen, weil er im hohen Alter solches that [39]).

Eine nicht uninteressante Bemerkung macht Philostratus im Leben des Apollonius (3. 49), wo er vom Phönix spricht, wenn sie auch zur Kenntniss der eigentlich chronologischen Natur desselben nichts beiträgt. Er sagt: „Die Inder erzählen, dass der in dem Neste sich verzehrende Phönix sich selbst ein Sterbelied singt. Dasselbe sagen verständige Beobachter auch vom Schwan." Es scheint, 'dass auch bei den Indern der Schwanengesang beobachtet worden ist. Die Rishi nahmen, wie es im Mahabarata heisst, die Gestalten der Hansa (Schwan, Gans) an und Bhisma vernahm göttliche Stimmen. (Lassen, Ind. Alterthumsk. 1. 786.) Zusammenhänge der Sagen vom Schwan und Phönix waren vorhanden und ganz natürlich, da der Schwan der Vogel des Sonnengottes Apollo war und man den Schwänen ein Alter von 100 und 300 Jahren zuschrieb. Die Perser nennen den Phönix mit dem Namen des Schwans, während, was Hiob 29, 18 sagt, „mit meinem Neste werde ich vergehn und wie der Chol die Tage mehren," ohne Zweifel auf den Phönix geht, während Chol (חול) mit dem Namen des Schwans (olor, eala) zusammenhängt (vgl. meinen Schwan Not. p. LI). Es hat tiefere theologische Bedeutung, wenn die Jüdische Tradition den Grund des langen Lebens von Chol darin findet, dass er nicht in die Sünde gefallen (Bereschith Rabba p. 16. §. 19). An einer andern Stelle wird von seiner Demuth und Bescheidenheit geredet, welche ihm das lange Leben erwirkt hat (Sanhedrin 467).

Es gehört zu der Zusammenstellung des Phönix mit Christus, von der wir noch reden, dass — was ich in meinem Commentar zu Esther p. 60 bemerkt habe — die Dienerin der Königin am Sonntag חולתא, nehmlich vom חול Phönix geheissen hat, während die am Freitag חורפיתא, nehmlich Lamm im Midrasch genannt wurde.

Einen sehr merkwürdigen Satz hat Horapollo (lib. 2. cap. 57): „Wenn sie, sagt er, eine nach vielen Jahren geschehene Wiedererneuerung abbilden, zeichnen sie ebenso einen Phönix. Er wird nehmlich auf folgende Weise geboren. Wenn der Phönix im Begriff ist zu sterben, wirft er sich auf die Erde mit höchster Kraft und empfängt eine Wunde. Aus dem auf die Oeffnung herabfliessenden Ichor wird ein anderer geboren, welcher, wenn ihm die Flügel gewachsen sind, mit dem Vater nach Heliopolis in Aegypten reist; dort angekommen, stirbt Jener mit dem Aufgang der Sonne. Der Spross kehrt nach seinem Tode in das eigene Vaterland zurück. Aber den gestorbenen Phönix begraben die Aegyptischen Priester."

In dieser Angabe des Horapollo treten zuerst solche Züge heraus, die mit den Bemerkungen von Herodot, Plinius und Tacitus übereinstimmen. Er wird begraben, er verbrennt sich nicht selbst. Er kommt erst nach Heliopolis, wenn dem neuen die Flügel gewachsen sind, d. i. im Frühling. Es wird nur das als neu hinzugefügt, dass der junge Phönix aus dem Blute der Wunde, die er sich selbst geschlagen, entstanden ist. Die Geburt aus dem Blut des alten Phönix ist hier der Mittelpunkt. Blut ist in Aegyptischer Symbolik nichts als Seele, d. i. Leben. Wie es im alten Testament heisst, „die Seele alles Fleisch ist sein Blut," so war bei den Aegyptern das Wesen des Blutes etwas Heiliges, weil es das Leben bedingt. Im Blut fand man nicht blos die physische, sondern auch die moralische Essenz des Lebens. Durch weite Kreise der Völker schrieb man dem Geist des Thierblutes zu, thierische Natur zu erhalten, wie das Blut reiner Wesen selbst zu reinigen im Stande sein sollte.

Die Aegypter, sagte Horapollo, ehrten den Hierax auch darum, weil er nicht Wasser, nur Blut tränke. Denn das Blut bedeutete Leben, Seele. Denn wenn sie die Seele zeichnen wollten, malten sie einen Hierax, das Abbild der wiederkehrenden Sonne, der darum dem Horus vor Allem geweiht war. Sie nannten daher auch Bait den Hierax und bai die Seele.

Der Phönix also wird aus altem Leben geboren; — sein neues Leben bedeutete die Wiederkehr der Dinge nach langen Jahren, wenn das Phönixzeitalter abgelaufen ist. Wie der Hierax verehrt wurde, weil er Leben trinke, wie Horus — so wird der Phönix, welcher nur der chronologische Hierax ist, aus Blut, d. h. aus der alten Zeit geboren um eine neue Zeit — wie sein Blut — in sich zu tragen.

Capitel 4.

1. Jene Stelle des Hesiod, von der wir ausgingen — wird von Plutarch in seinem Gespräch vom Verfall der Orakel (Cap. 11) mitgetheilt. Wenn es nun heisst, dass eine Krähe [40]) neun Menschengeschlechter, ein Hirsch vier Krähenleben, ein Rabe drei Hirschleben und der Phönix neun Rabenleben umfasse — so handelt es sich darum zu erfahren, welche Dauer Hesiod einem Menschenleben zuschreibt.

Plutarch lässt zuerst seinen Kleombrotus folgendes sagen: „Einige verstehen das hier gebrauchte Wort für Alter ($\gamma\epsilon\nu\epsilon\acute{a}$) unrichtig und bringen auf diese Weise für das Leben der Nymphen, welche zehnfach das Alter des Phönix umfassen, eine ungeheuer lange Zeit heraus. Aber es bedeutet hier nichts weiter als ein Jahr, und solchergestalt beträgt das Leben der Dämonen in allem 9720 Jahre.

Natürlich widerlegt diese falsche Meinung ein anderer, Demetrius, auf der Stelle. Was dieser sagt, ist merkwürdig und aufklärend genug.

Er spricht: „Wie unter Menschenalter sollte blos ein Jahr zu verstehen sein. Weder bei blühenden ($\dot{\eta}\beta\acute{\omega}\nu\tau\omega\nu$) noch bei alternden ($\gamma\eta\rho\acute{\omega}\nu\tau\omega\nu$) Männern — denn so lesen auch Einige in jener Stelle — ist die Zeit des menschlichen Lebens von solcher Kürze. Die die

Lesart „blühende" Männer annehmen, rechnen nach Heraklit auf ein Menschenalter 30 Jahre, binnen welcher Zeit der Erzeuger den von ihm Erzeugten wieder als Erzeuger darstellt. Die hingegen statt blühende Männer alte Männer verstehen, verstehen unter Alter eine Zeit von 108 Jahren[41])."

Dass das letzte unzweifelhaft richtig sei — dass man ein Menschenalter zu 36 Jahren angenommen — und daher ein Greisesleben, welches drei Menschenalter umfasse, auf 108 Jahre bestimmt habe — lässt sich sehr wohl erkennen[42]). Dem Spruche Hesiods liegt diese Annahme unzweifelhaft zu Grunde.

Auch Aristoteles[43]) giebt an, dass ein Menschenalter zu 37 Jahren oder etwas weniger zu berechnen sei. Die Stelle der Odyssee (3, 245) wo von Nestor gesagt wird:

„Denn drei Menschenalter — erzählen sie — habe er geherrschet,

Dass gleichsam ein Unsterblicher er dünket im Ansehn"

hat den alten Schriftstellern nie den Eindruck gemacht, als ob es sich blos um einen 80 — 90jährigen Greis handle. Daher dichtet Juvenal[44]): „Der Pylische König, wenn du etwas glaubst dem grossen Homer, war das Bild eines glücklichen Lebens der Krähe gleich." (Der Krähe werden, wie wir sehen werden, 324 Jahre zugeschrieben.) Naevius bei Agellius (19) nennt Nestor daher einen triseclisenax, einen Greis von drei Jahrhunderten.

Auch Ovid[45]) lässt den Nestor sagen: „Ich habe zweimal hundert Jahre gelebt, jetzt lebe ich im dritten Geschlecht." Auch Tibull schreibt dem Greise drei Jahrhunderte (terna saecula) zu.

Wenn ein Menschenalter 36 Jahre gedauert — so hat

die Krähe   9 × 36 =   324 Jahre,
der Hirsch   4 × 324 =   1296 Jahre,
der Rabe   3 × 1296 = 3888 Jahre,
der Phönix   9 × 3888 = 34992 Jahre gelebt.

Man macht dabei folgende Beobachtung, dass die Ziffern $3 + 2 + 4 + 1 + 2 + 9 + 6$ zusammen 27 geben; so viel geben

3 + 8 + 8 + 8 gleichfalls; so viel geben 3 + 4 + 9 + 9 + 2 ebenfalls. 4 × 27 ist 108 und 16 × 81 ist 1296, das Leben eines Hirsches. Ueberall tritt neben der sechs, wie wir sehen, vor allem die neun heraus, wie 3 + 6 in 36 = 9 ist und 4 × 9 wieder 36 ist.

Die neun ist die Geburtszahl. Es ist der neue Mensch (novem, novus), der heraustritt. Die Geburt ist eine Rettung und Erlösung zum Licht, daher hängt das hebr. תשעה (neun) mit תשועה (Heil) zusammen. Die Nonen werden in Rom festlich begangen, als Erinnerung an den Geburtstag des Servius Tullius, wie man sagte. Am neunten Tage werden in Rom den Knaben Namen gegeben, weil die Neun, wie Plutarch deutet, die erste Zahl ist, die aus 3 × 3 besteht. Ueber das Fest, welches in Delphi gefeiert wurde alle neun Jahre und Charila hiess, schwebt noch Dunkel. In der berührten Stelle bei Plutarch sagt Demetrius, man nehme die Zahl 108 an, weil die Hälfte 54 die Hälfte des menschlichen Lebens zu sein scheine, denn sie bestehe aus der Einheit, zwei Linien, zwei Flächen, zwei Quadraten und zwei Würfeln. Das ist richtig — wenn man alles verdoppelt. Denn das Angegebene macht nur 27 aus und 2 × 27 ist 54. Es ist nehmlich der Punkt zu eins, die Linie zu zwei, die Fläche zu drei, das Quadrat[46]) zu vier gerechnet, wie das Plato in seiner Psychogonie auch thut, was Plutarch mit Recht anmerkt. Man sieht daraus, dass für die symbolische Rechenkunst es nicht gleichgültig war, wenn die oben genannten Ziffern für Krähen-, Hirsch-, Raben- und Phönixjahre zusammengezählt, je 27 ausgemacht haben.

Aber nicht blos 54 ist aus 6 × 9, sondern 36 aus 6 × 6 entstanden — und auch die Zahl sechs ist eine symbolische Geburtszahl. Denn sechs war die Zahl der Aphrodite der Griechen, der Geburtsgöttin der Araber; die Zahl der Freia bei den nordischen Völkern. Der Würfel war der Aphrodite geweiht. Ich habe darauf hingedeutet, dass auch die Buddhistenformel „Om mani padme hom" nicht umsonst aus sechs Buchstaben besteht[47]). Auch der Lotus, der darin erwähnt wird, gehört der Symbolik der Geburt an. Am sechsten Tage ist auch nach der Schrift der erste Mensch geschaffen.

Zu diesen symbolischen Gründen, weshalb man 36 zur Zahl des wiedererzeugenden Menschenalters gemacht hat, treten historische Zeugnisse. Herodot hat eine eigenthümliche Rechnung (2. 142). Er sagt: „Die Aegypter und ihre Priester haben mir gesagt und bewiesen, dass vom ersten König bis auf den Priester des Hephaestos (Sethon) 341 Menschenalter gewesen seien...... Nun machen — (das ist aber nur Herodots Erklärung) 300 Menschenalter 10000 Jahre aus, da drei Menschenalter hundert Jahre sind. Sodann die 41 noch übrigen Menschenalter, die zu den 300 kämen, sind 1340 Jahre. Also in 11340 Jahren kam, wie sie sagten, kein Gott in Menschengestalt vor." Aber Herodot hatte nur von den Aegyptern die 11340 Jahre als einen Cyclus erfahren. Die 341 Menschenalter, die er berechnet, gehen nicht auf. 341 Menschenalter zu 33⅓ Jahren machen keine 11340 aus. Dagegen aber sind diese Jahre genau 315 Menschengeschlechter zu 36 Jahren oder 35 Krähenalter zu 324 Jahren; oder 324 Menschenalter zu 35 Jahren, was sehr merkwürdig ist.

Eine Bestätigung gewährt wohl auch die heilige Schrift. Dem Abraham wird verkündet (1. Mos. 15, 16), dass sein Volk werde 400 Jahre im fremden Lande leiden müssen, aber das vierte Geschlecht wird frei sein. Es bezieht sich dies auf den Aufenthalt in Aegypten, von dem es heisst 2. Mos. 12, 40: „Ihr Aufenthalt war 430 Jahre." Wenn vier Geschlechter während dieser Zeit waren, so ergiebt sich für jedes fast 108 Jahr — und 430 theilt sich in zweimal 215, welche Jahressumme wir als einen Abschnitt der Phönixperiode kennen lernen. —

2. Nach Plinius[45]) (10, 2) berichtet Manilius, „dass durch das Leben des Phönix eine Wendung des grossen Jahres angedeutet werde und wiederum dieselben Zeichen der Zeiten und Sterne zurückkehren und dass es anfange am Mittag des Tages, an

welchem die Sonne in das Zeichen des Widders tritt — und zwar sei ein Jahr der Wendung — während P. Licinius und Ch. Cornelius, Consuln waren, ein 215. Jahr gewesen." Die Stelle hat ein dunkeles Ansehen. In manchen Ausgaben fehlt die Zahl CCXV — auch in dem Leydener Elzevirischen sonst trefflichen Abdruck. Aber gute Handschriften und die ältesten Ausgaben enthalten sie; schon von Harduin ist sie wieder in den Text aufgenommen. Man liess sie weg, weil man sie nicht verstand, aber ich denke, sie erklärt ihre Echtheit selbst.

Die Stelle giebt drei sehr interessante Nachrichten. Erstens, dass der Phönix seine Conversion, d. h. sein neues Jahr im Frühling beginnt, wenn die Sonne in den Widder tritt. Zweitens, dass ein solches Conversionsjahr statt hatte, als Licinius und Cornelius Consuln waren. Dies bezeichnet uns Plinius selbst als das Jahr 657 der Stadt Rom, in welchem ein Senatsbeschluss erging, dass kein Mensch mehr geopfert werden sollte[19]). Es sollten von nun an Menschen nicht mehr aus falschem Aberglauben getödtet werden, was bisher geschehen war und auch später noch vorkam, wenn auch nicht mehr so öffentlich, wie es noch Dio Cassius aus den Zeiten Cäsars, Sueton aus denen Kaiser Augustus' bezeugte.

Das Jahr 657 entspricht dem Jahre 97 vor der christlichen Zeitrechnung. Es verlaufen bis dahin, seit dem Jahre 1322 v. Chr., einem Beginn der Hundsternperiode, 1224 Jahre oder 34 Menschenalter zu 36 oder 35×35 Menschenalter zu 35 Jahren ($35 \times 35 = 1225$).

Es verlaufen von da bis zum Jahre 789 der Stadt (wo nach Plinius der Phönix erschien) etwa sieben neunzehnjährige Cyklen, $7 \times 19 = 133$.

Drittens giebt Manilius an, es wäre das Jahr ein 215. gewesen, — nehmlich einer Phönixperiode. 216 Jahre sind sechs Menschengeschlechter zu 36 Jahren — 1. Es ist leicht zu erkennen, woher diese 215 Jahre gerechnet sind. Das Jahr des Beginnes der seleucidischen Aera ist 442 der Stadt (Ideler, Handb. der Ch. 1. 452).

Von da bis zum Jahr 657 sind 215 Jahre. Es wird also das Jahr des Beginnes dieser Aera und der Schlacht bei Gaza als ein Conversionsjahr des Phönix angesehen. Sollte das nicht der Grund sein, warum man überhaupt in das Jahr 312 den Anfang der Aera gesetzt hat. Es war diese doch die eigentlich Macedonische Zeitrechnung der Eroberer des Persischen Reichs. Man drückte dabei den Beginn eines neuen Weltalters aus. Aber die Schlacht bei Gaza kann es nicht gewesen sein, welche dazu allein die Veranlassung gab. Sie war nicht bedeutender als die Schlacht bei Ipsus (301). Selenkus nahm erst im Jahre 306 den Königstitel an. Für Ptolemäus Soter war sie eine glückliche That, aber keine entscheidende Wendung. Der Beginn der Aera erhält ein neues Licht, wenn man ihm etwa als Phönixjahr annimmt, nur mit dem Unterschied, dass man nach orientalischem Brauch erst im Herbst das Jahr begann — grade wie im Jüdischen Leben, wo der geistige Anfang des Jahres im Frühjahr und doch das zeitliche Neujahr im Herbst gefeiert ward.

Dies wird durch folgendes bestätigt. Der Tod des Amasis, Königs von Aegypten, bezeichnet den Untergang des altägyptischen Reiches. Das Jahr 227 der Stadt (Olymp. 63. 3) [50]) ist von dem Conversionsjahre 657 grade 430 Jahre entfernt. Man erkennt einen ähnlichen Zeitabschnitt von 215 Jahren vom Untergang des Aegyptischen Reiches bis zur Schlacht bei Gaza — wie von dieser zum Jahr 657. Es ist nicht unmöglich, dass wenn man von Amasis abermals 215 Jahre zurückrechnete, man wieder einer neuen Katastrophe Aegyptens, der äthiopischen um das Jahr 742 v. Chr. begegnete [51]). Der Zeitraum von 430 Jahren ist allerdings nur eine Abrundung von 2×216 Jahren, wie sie grade so in der heil. Schrift, wo sie von Aegypten erzählt, für vier Menschengeschlechter erscheint. Nun hat Plinius allerdings noch eine andere wichtige Nachricht, für die er aber nicht Manilius, sondern Cornelius Valerianus citirt, „dass der Phönix nach Aegypten geflogen sei unter den Consuln Quintus Plautius und Sextus Papinius," d. i. im Jahre 789 der Stadt.

Dasselbe Jahr giebt Dio Cassius an, welcher sagt: „Wenn Aegyptische Begebenheiten in eine Römische Geschichte gehörten, so würde ich einen in diesem Jahre dort gesehenen Vogel Phönix anführen, der, sowie andere Vorzeichen, Tibers Tod zu verkündigen schien" (lib. 58. cap. 27). In der That hat man das Erscheinen des Phönix mit dem Tode grosser Männer in Verbindung gesetzt, und 360 Jahre vor 789 (36 n. Chr.) ist Alexander der Grosse gestorben, 10 Menschenalter von 36 Jahren. Eine sogenannte Philippische Aera nimmt vom Tode Alexander des Grossen den Ausgang, die aber nicht von Philipp dem Vater, sondern von Philipp dem Sohne den Namen hat, der 318 — sechs Jahre nachher — starb [52]).

Ob die Berechnung des Phönix, wie sie Plinius giebt aus Valerianus, und der die er aus Manilius mittheilt, eine Uebereinstimmung haben, ist schwer zu sagen. Doch ist schon oben bemerkt, dass von dem Jahre 97 v. Chr. bis 36 n. Chr. etwa sieben neunzehnjährige Cyklen verlaufen.

Eine merkwürdige Ergänzung giebt dazu Tacitus in einer berühmten Stelle, der vielleicht meist interessanten von allen, welche aber der grosse Geschichtschreiber selbst entlehnt, ohne sie zu ergründen. Er schreibt[53]): „Unter dem Consulat des Paullus Fabius und L. Vitellius (787 der Stadt) kam nach langer Wendung der Jahrhunderte (longum saeculorum ambitum) der Vogel Phönix nach Aegypten. Ueber die Zahl der Jahre wird verschiedenes überliefert. Die allgemeine Erzählung ist, es sei ein Zeitraum von 500 Jahren. Einige behaupten, es müssten 1461 Jahre vergehen, und seien die früheren Phönixe zuerst unter Sesostris, dann unter Amasis Regierung, zuletzt unter Ptolemäus erschienen, welcher von den Macedoniern als der Dritte regierte, in die Stadt, welche Heliopolis heisst, zu geflogen."

Diese Nachrichten des Tacitus verdienen alle Erwägung. Er giebt eine Andeutung, dass man in seiner Zeit sich mit der chronologischen Bedeutung des Phönix beschäftigt hat. Es zeigt sich verschiedene Art der Berechnung, da seine Angabe sich von der bei Plinius um zwei Jahre unterscheidet. Er nennt leider keinen seiner Autoritäten. Seine eigene Kritik ist nicht glücklich. Ganz sicher ist er auch nicht, ob es ein Symbol oder ein wirklicher Vogel ist. Er hat wörtlich entlehnt, ohne seine Quelle völlig zu verstehen. Das erkennen wir sogleich, wenn wir seine Angaben näher betrachten und zwar mit der letzten beginnen.

Er sagt, dass unter dreien der Phönix erschienen: unter Sesostris, Amasis und Ptolemäus, dem dritten Macedonier. Aber dieser dritte Macedonier, den er für Ptolemäus den Dritten hält, worin ihm Neuere nachgefolgt sind[54]), ist Ptolemäus der Zweite, Evergetes. Denn Alexander der Grosse ist der Erste, der über Aegypten als Macedonier herrschte.

Das wird schon durch die Jahre klar, in denen die einzelnen Fürsten — Tiberius, Ptolemäus, Amasis — von einander entfernt sind. Von Tiberius bis Ptolemäus Evergetes Tod sind grade 280 Jahre (34 n. Chr. bis 246 v. Chr.) Von Ptolemäus Tod bis Amasis Tod sind wieder 280 Jahre (246 — 526).

Auch hier zeigt sich der Untergang Aegyptens als ein Jahr des Phönixganges.

Es ist sichtbar, dass man diesen mit dem Tode grosser Fürsten verband. Es darf daher der Aufmerksamkeit nicht entgehen, dass während von Ptolemäus und Amasis die Todesjahre angegeben sind, dies bei Tiberius nicht geschah. Aber nur bis in das Jahr 787 reichten die 280 Jahre, während die Astronomen der Angabe des Plinius davon sich nicht bestimmen liessen.

Auch unter Sesostris soll der Phönix erschienen sein. Man hat ein Recht, ähnliche Zeitabschnitte zwischen Amasis und ihm anzunehmen.

Ich halte Sesostris mehr identisch mit Seti I.[55]) als Ramses II., wie jetzt gewöhnlich angenommen wird, namentlich bei Tacitus. Man würde, wenn man 3 × 280 als den Zwischenraum zwischen Amasis und Sesostris annähme, auf das Jahr 1366 als Todesjahr des Seti kommen, was durchaus mit anderen Rechnungen übereinstimmt. Indem so in der Angabe des Tacitus der Zeitraum einer Conversion des Tacitus auf 280 Jahre angenommen ist — erkennt man, dass dabei nicht nach Menschenaltern von 36, sondern von 35 Jahren gezählt ist. Es machen 8 Menschengeschlechter zu 35 Jahren 280 Jahre aus. Solon[56]) hat gelehrt, wie Philo mittheilt, dass die Dauer eines Menschenalters auf 35 anzunehmen sei. Es scheinen die beiden Zeiträume von 35 und 36 Jahren symbolisch und historisch neben einander in Gebrauch gewesen zu sein, wie die Zahlen 70 und 72. Auch die heilige Schrift hat davon Spuren. Wenn der Psalm die normale Lebenslänge auf 70 Jahre angiebt, also 2×35, wenn der erste Sohn Sems, Arpachschad, als er seinen ersten Sohn zeugt, 35 Jahre ist, und der letzte vor Abraham, Thara, 70 Jahre ist, bevor er Söhne hat, so scheint es auf solche Annahme zu deuten. Besonders merkwürdig ist die schon erwähnte Angabe des Herodot (2. 142), dass vom ersten König bis auf Sethon 11340 Jahre gewesen sind. An ihr erkennen wir unwiderleglich, dass der Hesiodische Spruch vom Lebensalter des Phönix im lebendigen Bewusstsein der Aegypter war. In ihm stellt sich nicht blos das Verhältniss eines 36jährigen, sondern auch 35jährigen Menschenalters dar. Die Zahl ist der dritte Theil von 972 Menschengeschlechtern zu 35 Jahren und setzt somit auch das faktische Existiren der Rechnung eines Phönixalters von 34992 Jahren, als 972 Menschengeschlechtern zu 36 Jahren voraus.

Noch andere Daten lassen dies erkennen. Herodot bemerkt (2. 145) folgendes: „In Aegypten aber ist Pan der allerälteste und unter denen, welche die ersten acht Götter sind, Herakles unter den zweiten, die ihrer zwölf sein sollen, und Dionysos unter den dritten, den Nachkommen der zwölf Götter. Nun habe ich schon angezeigt (2. 43) wieviel Jahre die Aegypter behaupten, dass von Herakles bis König Amasis seien (17000 Jahre), von Pan sollen es

aber deren noch mehr, von Dionysos am wenigsten sein, wiewohl man auch von diesem 15000 Jahre zählt bis auf König Amasis."
Die 17000 Jahre des Herakles bis Amasis erkennt man auf der Stelle als die Hälfte von den 34010, welche das Leben eines Phönix nach der Berechnung von 35 Jahren bilden. Es sind 486 Geschlechter zu 35 Jahren (486 Geschlechter à 36 = 17496).
Von Dionysos sagt er, dass er 15000 Jahre vor Amasis gelebt habe. Das sind 30 Cyklen von 500 Jahren, während 15015 Jahre 429 Geschlechter zu 35 Jahren giebt.

Herodot nennt Pan den ältesten Gott. Er behauptet, die Aegypter nenneten ihn Mendes. Man brächte ihm Böcke (Widder) dar. Die neueren Beobachter Aegyptischer Alterthümer haben sich in diese Nachrichten Herodots nicht finden können. Denn Mendes kann doch nur Mandu sein, was eine Sonnengottheit ist. Allein Böcke und Widder sind die Sonnenzeichen nicht nur in Aegypten wegen der Befruchtung, die von ihnen ausgeht, sondern der Widder — und der Schafbock und Ziegenbock theilen mit einander ihre Symbolik — ist das Sternbild des Frühlings. An dem Mittag des Tages, an welchem die Sonne in das Zeichen des Widders tritt, beginnt das neue Jahr des Phönix. Ich bin der Ansicht, dass selbst sprachlich darum der Name Pan (Paean, Paeon) aufgekommen ist, was mit Phenech, Phaneach (aeon) deutlich übereinstimmt.

Auch der griechische Pan ist ein Lichtgott. Auf seinem Altar brannte in Arkadien ewiges Feuer[57]). In Athen brachte man ihm einen Fackeltanz. Er ruht auf dem Fell eines Luchses, der alles mit scharfen Augen sieht wie die Sonne. Er ist ein Frühlingsgott wie Hermes, welcher den Widder trägt.

Man versteht dann deutlich, dass Pan der älteste und die Zahl seiner Jahre die grösste sei. Es ist das Phönixjahr eben doppelt 50 lang wie das des Herakles und Dionysos.

Ich denke, dass man dabei nicht unklar das Bild des Hesiod selbst wiederfindet. Herakles hat — wie Odin — einen Raben (wie Apollo) und seine Jahre sind kleiner wie die des Phönix. Etwa in den Jahren des Dionysos, die noch kleiner sind, kann man das Hirschjahr wieder erkennen, wenn auch nicht in den regelmässigen Verhältnissen des Hesiodischen Bildes.

Tacitus bringt das nach langer Wiederkehr berichtete Erscheinen des Phönix mit der Hundsternperiode zusammen. Es scheint, dass man darauf Rücksicht zu nehmen hat.

Ein Phönixjahr ist abgelaufen, wenn man 972 Menschengeschlechter zusammenzählt, daher im einen Fall (zu 35) nach 34020 — im andern Fall nach 34992 Jahren. Zwischen beiden sind 972 Jahre Unterschied.

Bedenkt man nun, dass 974 Jahre zwei Dritttheile einer Hundsternperiode sind, so würde man eine neue Erklärung finden, weshalb Plinius aus seinen Berichten das Phönixjahr auf 789, Tacitus auf 787 der Stadt Rom setzt.

Eine Hundsternperiode begann im Jahre 1322, als der Hundstern am ersten Tage des Monats Thoth in der Morgendämmerung begann und dauerte bis 139 v. Chr., das sind 105 Jahre nach der Erscheinung des Phönix im Jahre 787, also 3 × 35 Jahre. —

Nimmt man an, dass in demselben Jahr, in welchem das Phönixjahr begann, noch eine Hundsternperiode ihren Ausgang nahm — so würden 24 solcher Perioden grade 72 Jahre, zwei Menschengeschlechter, länger gedauert haben, als 972 solcher,
$$35064 - 34992 = 72.$$

Das Todesjahr des Plato trifft in den Beginn des dritten Viertels der Hundsternperiode die 139 endet (487 = 348 + 139). Dieses Todesjahr bildet auch die Station einer Siebenzahl von Menschengeschlechtern bis zum Jahre 657 der Stadt, welches ein Conversionsjahr des Phönix war.

Andere Daten mögen mehr noch andeuten, dass man wirklich im Jahre 787 (789) ein Phönixjahr ablaufen liess.

Chaeremon[*], ein glaubwürdiger Kenner ägyptischer Alterthümer, redet von einem Phönixjahrabschnitt von 7006 Jahren. .

Dieselbe Summe 5 Mal genommen, giebt 35030 — was sich

von dem Hesiodischen Phönixjahr durch 38 Jahre unterscheidet (2 × 19). Es erscheint hier 7000 + 6. 7000 = 200 × 35-jährige Menschengeschlechter. 35000 = 1000 × 35 stellt die runde Summe von 34992 dar.

Syncellus[19]) berichtet, dass in den Zeiten des Claudius, das ist beim Tode des Tiberius, der Phönix erschien, wie die Aegypter erzählen; früher sei er vor $\chi\nu$, also vor 650 Jahren ebenfalls sichtbar geworden, womit Dexippus übereinstimmt.

Das Jahr 650 vor dem Jahr 789 giebt etwa das Jahr 614 v. Chr., in welchem Psametich, der Erneuerer des Aegyptischen Reiches starb und König Necho zur Regierung kam; doch ist die Zahl nicht völlig sicher.

Solinus[40]) sagt: „Obschon die Meisten das grosse Jahr nicht 540 Jahre (5 × 108), sondern 12954 Jahre dauern lassen." Es bestätigt das Servius (zu Verg. Aen. 1.273), welcher sagt: „Nach Tullius enthielt das grosse Jahr 12954 Jahre, wie es im Hortensius heisst: Und von den Jahren, welche wir in den Fasten haben, umschliesst das grosse Jahr 12954 Jahre." Cicero (de natura deorum 2. 20) sagt: „Wie lang das grosse Jahr sei, darüber herrscht grosse Frage; nothwendig aber ist, dass die Länge eine gewisse und abgegränzte sei."

Salmasius, der grosse Erklärer des Solin, weiss doch nichts Näheres darüber zu sagen. Es sind 12954 Jahre, 360 Menschengeschlechter zu 36 Jahren weniger sechs.

Ein Drittel von 12960 ist 4320. Dieser Zahl begegnen wir nun in weiten Kreisen der alten Völker.

Sie liegt den ungeheuren Indischen Zahlen zu Grunde. Die vier Weltalter, die Yugas, werden alle durch 432 (12 × 36) gebildet. Die grosse Yuga (Mahâyuga) oder vier Yugas, jede zu 1080000 besteht aus 30000 Menschenaltern von 36 Jahren. Es giebt keine Zahl, die nicht durch 36 bei ihnen aufgelöst werden kann. Daher zählen sie das Jahr auch nach 360 Tagen, wie ein Götterjahr 360 Jahre[41]).

Berosus berichtet, dass ein Sarus 3600 Jahre hielte (Saros = Mond) und die Zeit bis zur Sündfluth [62]) 432000 Jahre gewährt habe. Im Tractat Sanhedrin des babylonischen Talmud (97b) erzählte R. Chanan von einem Buch, das er gefunden hatte in hebräischer Sprache assyrisch geschrieben; der Mann, der es besass, sollte es aus Rom haben. Es stand darin, dass es von der Welterschaffung an 4291 Jahre bis zum Ende des Kampfes mit dem Drachen, den Gog und Magog dauern werde [63]).

Nach Schuberts Rechnung sind das 4320 Mondjahre.

In der Geschichte der Chichimeken giebt Ixtlilxochitl an, dass das Weltalter 4394 Jahre dauere. Auch dies sind 122 Menschenalter zu 36 Jahren + 2 [64]).

Schubert geht freilich weit. Er will nachweisen, dass sich zur Erdenmasse die Masse aller übrigen Planeten und Monde wie 430 zu 1 darstellen (doch kennt man alle noch nicht) und ein Jahr des Jupiter nahe an 4320 Erdentage habe. Doch hat dies wenig mit unserer Betrachtung zu thun. Er hatte selbst nicht beobachtet, dass die ganze Bedeutung der Zahl 4320 nur darin ruhe, dass sie aus 120×36 besteht [65]).

Solinus sagte, die Meinung mancher Gelehrten sei, dass das grosse Jahr nicht 540 Jahre, sondern 12954 Jahre dauere. Aber 540 selbst sind 15×36 und $24 \times 540 = 12960$. Ueberall offenbart sich — wir werden noch einige Beispiele anführen können — die Anstrengung des Menschen, ein Weltjahr zu finden, das eine Wiederkehr einschliesst. Ein Phönixjahr wird überall als Kennzeichen der Rechnung 36 Menschenalter (auch 35) an sich tragen. Ein solches lief eben im Jahr 787 (oder 789) ab.

Nirgends aber scheint ein Datum des Phönixjahrs eine so weltgeschichtliche Bedeutung gewonnen zu haben, wie das von 787 der Stadt Rom. Dahin deuten die kommenden Bemerkungen.

Capitel 5.

Nicht ohne Grund sagt Tacitus, dass die Nachricht von dem erschienenen Phönix, der nach Aegypten gekommen sei, den gelehrtesten Leuten, sowohl einheimischen wie fremden, Gelegenheit gegeben habe, darüber zu verhandeln. Erst seit dieser Zeit kommt der Phönix wiederholt in der Literatur vor —, während er von Herodots Zeit bis dahin seltener Erwähnung gefunden hat — und tritt er auch als ein Symbol in das zeitige Leben ein.

Es ist vielleicht eine Folge des Verkehrs, den Tacitus mit Trajan gepflegt hat, dass grade eine Münze, welche Hadrian zu Ehren des Trajan schlagen liess, einen Phönix trägt [66]). Diese selbst ist sehr selten, eine ältere kennt man nicht, wird wohl auch nicht vorhanden sein. Die Bedeutung ist eben keine andere, als dass, nachdem mit Trajan — der alte Phönix — die Sonne untergegangen war, ein neues Zeitalter mit Hadrian anfängt. Bei der Vergötterung, die sich die Römischen Kaiser angedeihen liessen, bei dem Anspruch, den sie auf Weltregierung machten — ist es nichts Ueberraschendes, dass jeder Kaiser ein neues Weltalter anzufangen vorgab, was übrigens die Pharaonen und die Ptolemäer ebensogut von sich behaupteten. Daher sich eben die verschiedenen Abschnitte und Anfänge des Phönixzeitalters schreiben. Hadrian hält einen Globus, auf welchem ein Phönix steht, auf einer andern Münze. Den Beginn einer neuen Kaiserregierung als Anfang eines neuen goldenen Weltalters zu preisen, war besonders Sache der Hofleute und Schmeichler. Sagt doch der Philosoph Seneca, als Claudius gestorben war und Nero zu regieren begann, „es sei der Anfang des glücklichsten Saeculums [67]).“ Es kann keinen besseren Beweis geben, dass man in Aegypten selbst Phönix als Phenech, nehmlich als Aeon verstanden habe, als wenn auf Alexandrinischen Münzen des Kaisers Antonin, des Nachfolgers Hadrians, der Phönix mit der Umschrift *ΑΙΩΝ* (Aeon) abgebildet ist. Auf späteren Kaisermünzen ist dieses Aeon mit Aeternitas übersetzt, wegen der langen Dauer, die man dem mitabgebildeten Phönix zuschrieb. Es sollte damit aber etwa nicht blos lange Zeit, sondern die neu erstandene Zeit ausgedrückt werden, welche so lange dauern würde und möge, wie der Phönix lebt.

Es darf aber nicht übersehen werden — was auch Eckhel entging —, dass grade Hadrian es war, der den Jüdischen Krieg beendete. Schon Vespasian liess Münzen schlagen, auf denen ein weinendes Weib — nehmlich Judaea capta an eine Palme gelehnt erscheint. Hadrian liess Münzen schlagen, auf welchen, wie es Eckhel beschreibt, „der Kaiser in der Toga, stehend eine die Knie beugende Frau (Judaea) aufhebt, um welche jugendliche Gestalten Palmen tragen." Die Palme heisst ja auch Phönix. An Phönicien erinnert der Name. Die Palme war das Wappen von Judäa. Vespasian — wie Tacitus, Sueton und Dio berichten — liess auf sich übertragen, was in den Weissagungen stand, dass vom Orient aus ein neuer Herr der Welt sich erheben würde. Eine neue Ordnung würde entstehen [65]). Es darf vermuthet werden, dass grade daher auch die Aufmerksamkeit auf den Phönix, der ja aus dem Orient kam, gerichtet worden ist.

Und in der That merkwürdig genug ist es, und ein rührender Contrast des zeitigen Lebens, dass, während die Tyrannen der Welt sich in dem Phönix ihre eigene Herrlichkeit abspiegeln liessen, unter den damals Aermsten und Geringsten der Gesellschaft, welche Verfolgung und Leiden um ihres Bekenntnisses willen traf, nehmlich unter den Christen, der Phönix ein Bild des Bekenntnisses und des Trostes im Leben und Sterben geworden ist.

Der Mittelpunkt alles evangelischen Bekenntnisses war immer die Lehre von der Auferstehung Jesu Christi. Der Apostel Paulus ruft das für alle Zeiten aus: „Ist Christus nicht auferstanden, so ist euer Glaube eitel" (1. Cor. 15, 17). An ihr hing der innige Glaube der christlichen Gemeinde in Verfolgung und Tod, wie der Apostel sagt: „Habe ich menschlicher Meinung zu Ephesus mit den wilden Thieren gefochten, was hilft es mir, wenn die Todten nicht auferstehen."

Es war diese Lehre, um welche sie am meisten verfolgt und in welcher sie am liebsten Märtyrer wurden. Man hatte sie auch mit glühenden Eiern **) zu Tode gepeinigt. Mit Eiern, weil sie das Bild des Eies für ihren Glauben anführten. Es war ja schon bei den Philosophen der andern Völker das Ei das Bild der Welt und das Bild des Grabes. Inder und Griechen kannten das schöne Gleichniss. Die ganze Sage vom Phönix culminirte schon bei Herodot in dem Ei, in welches der junge Phönix den alten lege und beisetze.

Die Christen lebten mitten in der Welt und Bildung der Zeit. Dass grade die Erzählung vom Phönix in der Welt verbreitet wurde, als die christliche Gemeinde zuerst in der Welt ihren Glauben bekennt, als Paulus, der grosse Prediger der Auferstehung, durch die Völker zog — musste ihre Herzen auf das lenken, was in den Poesien von dem wunderbaren Vogel ihr eigen Herz traf. Alles stimmt bildlich mit dem zusammen, was von Christo berichtet wird. Von Jesu hiess es: „Ich habe aus Aegypten meinen Sohn gerufen." Er war die neue Sonne der Gerechtigkeit. Er war der Geistes-Odem, der alles neu macht. Ihm brachten die Sternkundigen und Astrologen des Ostens Weihrauch und Myrrhen. Nicodemus brachte Myrrhen und Aloe und er und Josef von Arimathia banden ihn in leinene Tücher mit Specereien (Joh. 20, 39. 40). Er schlägt sich gleichsam selbst die Wunden, aus deren Blut die Andern leben. Es ist Frühlingszeit, die Sonne ist in den Widder getreten, als Er litt und auferstand.

Es konnte nicht anders sein. Ob man an einen wirklichen Vogel dachte oder nicht — und ihn blos für ein Zeitbild hielt — durch nichts wurde Christus klarer und schöner bezeichnet. —

Es sind die Nachrichten der Kirchenväter schon vielfältig gesammelt, in welchen sie die Nachricht vom Phönix als Moment des

Zeugnisses für die Lehre von der Auferstehung benutzen [70]). Clemens Romanus (1. ad. Cor. 25) theilt Nachrichten mit, die mit denen im Herodot und bei Plinius zusammenstimmen. Er stellt die Erzählung nur hin. Sie scheint ihm gar keiner besonderen Auslegung noch zu bedürfen, und fügt blos hinzu: „Wird es nun von uns für etwas Grosses und Staunenswerthes gehalten werden, wenn der Schöpfer aller Dinge die auferstehen lässt, welche im Vertrauen eines guten Glaubens ihm weihevoll (ὁσίως) gedient haben, da er durch einen Vogel die Herrlichkeit seiner Botschaft kund thut [71])."

Die Apostolischen Constitutionen enthalten (5. 7) folgenden Satz: „Wie nun sie selbst (die Heiden) sagen, dass uns durch ein Thier die Auferstehung gezeigt ward, weshalb schmähen sie unsere Lehre, wenn wir bekennen, dass der, welcher durch seine Macht das Nichtsein in das Sein verwandelte, auch das Aufgelöste wieder zur Auferstehung bereiten kann. Denn wegen dieser Ueberzeugung dulden wir Geisseln, Verfolgungen und Tod, da wir dies ja vergeblich leiden würden, hätten wir nicht davon die Ueberzeugung, wovon wir berufen sind, die Verkünder zu sein."

Fast alle Kirchenväter erwähnen seiner; in der ganzen christlichen Welt ist seine Beschaffenheit bekannt. Wichtiger aber ist die Anwendung, die das Leben von ihm machte — und in der deutlicher wie in allen Büchern von ihm das Wort des Zeno galt: „Christus non imago sed Phoenix." Er — Jesus ist kein Bild, sondern der wirkliche Phönix.

Es ist bekannt, was von der h. Cäcilia erwähnt wird: „Sie liess für den Märtyrer Maximus einen neuen Sarcophag machen und darauf den Phönix abbilden zum Abzeichen seines Glaubens, den er von ganzem Herzen angenommen, dass er Auferstehung finden werde wie der Phönix." (exemplo Phönicis) [72]).

Man findet ihn abgebildet in einer Mosaik der Apsis der Kirche von Cosmas und Damianus in Rom —; der Vogel wendet sich Christus zu, der gen Himmel steigt. Man findet sein Symbol auf einem christlichen Kirchhofe bei St. Nazareth in Mailand. Martigny [73]) citirt aus der Kirche der h. Praxedis einen Phönix sitzend auf einem Palmbaum; auf der Graburne des Marcius Hermes befand sich auf jeder Seite des titulus ein Phönix auf einem Scheiterhaufen. Man findet ihn, wegen der Namensähnlichkeit, mit dem Palmbaum verbunden. Auf den Fresken der antiken Kapelle der h. Felicitas, in der Nähe der Thermen des Titus, wird das Martyrium dieser Heiligen mit ihren sieben Söhnen dargestellt und es werden Palmbäume gesehen, von denen jeder einen Phönix trägt. Boccella hat einen Phönix auch auf einem Palmbaum sitzend gesehen in einer Kapelle der Katakomben von Syrakus.

Es ist auch nur ein Phönix auf dem Grabstein der h. Lucina, den Kraus[74]) abbilden liess, der seltsamer Weise von dem Symbol des Phönix wenig Notiz nimmt. Es ist ein Phönix, welcher mit dem Lamm auf einem Grabstein der Aurelia Proba erscheint (jetzt im christlichen Museum des Lateran XV); ganz zweifellos ist es ein Phönix auf einem Palmbaum in der merkwürdigen Inschrift, die Lupus 1726 in einem Coemeterium entdeckt hat, (jetzt im Kircherschen Museum). Becker[75]) hielt sie irrig für „ein Bild der Seele, die in Frieden ruht." (!)

Es ist nach meinem Bedünken ein weit verbreiteter Irrthum, das Symbol eines Pfauen, welches auf Denkmälern gefunden wird, von dem des Phönix zu trennen. Der Pfau hat in der christlichen Volkssymbolik keine glückliche Auffassung. Er ist das Bild des Neides[76]), der die Erbsünde verschuldet haben soll. Aber man stellte sich den Phönix unter den glänzenden Farben eines Pfauen dar. Epiphanius beschreibt den Phönix und sagt: „Er ist noch schöner als der Pfau, denn der Pfau hat gold- und silberfarbene Flügel, der Phönix aber hyacinthene und smaragdene, mit den Farben kostbarer Edelsteine geschmückte"[77]). Es handelte sich bei den Bildern des Phönix immer um die Auferstehung; er war auf Gräbern das Symbol des Trostes, den diese gewährt; dem Pfau hat niemals eine solche Bedeutung beigewohnt. Wenn man daher selbst auf Denkmälern einen Pfau malte, weil man diesen Vogel kannte, so meinte man doch einen Phönix. Ich wundere mich, dass man dies nicht erkennt. —

4

Caplan Münz[78]) hat sich den Augustin nicht näher angesehen, als er schrieb, dass dieser Kirchenvater den eigentlichen Grund angebe, weshalb man den Pfau zum Bilde der Auferstehung machte, nehmlich dass sein Fleisch für unverweslich galt. Aber Augustin handelt hier nicht von der Auferstehung, für welche er als Symbol nur den Phönix nennt. Daher ist es auch kein Pfau, welcher in den Darstellungen der Auferstehung vorkommt neben der Arche Noahs und dem geretteten Jonas. Es ist kein Pfau, welcher im Coemeterium des h. Petrus und Marcellinus erscheint, wo er auf der Erdkugel steht. Die Beispiele, die Bottari aus den Katakomben anführt, bedeuten alle den Phönix. Es sind Phönixe, welche auf einer Grabplatte im Museum zu Mainz gesehen werden und auf Oelzweigen ruhen. Es war allerdings damit Auferstehung und Frieden verbunden. Martigny erwähnt, wie mit den Bildern des Phönix der Weinstock verbunden wird.

Auch der Verfasser[79]) einer nützlichen Ikonographie, die in 2. Aufl. in Prag 1870 erschien, hat nicht gesehn, dass der Pfau gleichsam nur die Maske des Phönix ist. Es kann auch kein Pfau sein, der als ein Attribut des h. Liborius erscheint. Die Legende erzählt, ein Pfau sei im Jahre 836 vorangeflogen, als man seine Reliquien von der Vendee nach Paderborn brachte. Nur der Phönix, das Symbol Christi, zeigt den Weg. Wenn man von einer gewissen Unverweslichkeit des Fleisches beim Pfau redet — und Augustin sucht sie zu erproben[80]) —, so galt doch das nicht von Gebeinen. Die deutschen Maler mögen Pfauenfedern gemalt haben, welche die Engel an ihrem Fittig tragen, — aber es sind Phönixfedern, der Schmuck des Auferstandenen — nicht jenes Vogels, den man als Symbol der Eitelkeit und des Neides auch in den Kuppeln der Dome malte. In der Sage vom h. Stephan wird erzählt, dass er den Mönch Günther habe zwingen wollen, von einem Pfau zu essen, — aber der Mönch weigerte sich und der Pfau flog lebendig davon. Es war kein Grund, sich zu weigern vom Pfau zu essen — wenn man nicht darunter den Phönix, das Bild des

Auferstandenen verstand. Ebenso hatte ja der Kaiser Heliogabal den Seinen einen Phönix zur Mahlzeit versprochen.

Martigny hat Recht, einen Werth darauf zu legen, dass man immer einen Phönix auf einem Palmbaum sieht, sobald der Apostel Paulus auf alten Monumenten dargestellt wird. Es war ja Niemand wie er, der gewaltige Verkünder der Auferstehung.

Ebenso interessant ist, dass der Phönix auf Grabmälern, wenn auch selten, mit einem Nimbus erscheint, also als völliges Abbild Christi selbst. Es ist wohl ein neueres Bild einer neuen Heiligen, welches Didron[81]) erwähnt: Magdalena Pazzi wird dargestellt und man sieht einen Phönix in Flammen, als Abbild Jesu Christi, — aber es wird darin allerdings alte Kunsttradition festgehalten.

Man macht daher die Beobachtung, dass der Phönix einmal im christlichen Bewusstsein eine dogmatische Bedeutung hatte; er wurde dann für das ethische Leben ein heiliges Symbol; die christlichen Kaiser fassten in ihm endlich einen politischen Gedanken auf. — Der christliche Kaiser hält auf einer Münze mit der einen Hand die Fahne (Labarum) und in der andern eine Kugel, auf welcher der Phönix steht, dessen Kopf mit Strahlen umgeben ist, also auf das christliche Symbol deutend. Die Inschrift lautet: „Felix temp. reparatio"[82]), die glückliche Erneuerung der Zeiten. — Er wurde ein Gegenstand christlicher Poesie; wie sollte man — wenn man auf alles achtete, nicht auch auf seine chronologische Art gesehen haben! Die Angabe, welche Plinius berichtete, er sei damals erschienen, als in den Widder die Sonne trat — ward dahin übertragen, dass man sein Kommen in den Phamenoth oder Pharmuthi verlegte, in welchen Ostern fiel[83]). Aus dem Alanus wird citirt, dass man den ersten Tag des Passah[84]) (Azimorum) als seine Erscheinungszeit bezeichnete, der auch als Auferstehungstag schon von Tertullian[85]) angesehen ward.

Es konnte nicht übersehen sein, das Tacitus und Plinius auch das Jahr angeben, in welchem er erschienen sei. Wenn man sein Erscheinen in Beziehung zu dem Tode des Tiberius brachte — so konnte das auf die Christen wenig Eindruck machen. In den letzten

Jahren des Tiberius war aber Christus gestorben, in dem sie Alles erfüllt sahen, was vom Phönix erzählt ward. Man hat bisher noch nicht darauf gemerkt, dass die Vergleichung Christi mit der Historie des wunderbaren Vogels auch eine chronologische Bedeutung haben könne. Ich bin der Ansicht, dass sich durch sie allein das Räthsel lösen könne, welches noch immer die gebräuchliche Weltära, die man dem Dionysius Exiguus zuschreibt, enthält. Die Beobachtung ist gewiss von nicht geringem Interesse, dass wir noch heute in unserm Kalender nach dem Erscheinen des Phönix in der Zeit des Kaisers Tiberius die Jahre berechnen und zählen.

Capitel 6.

Es ist eine bekannte Thatsache, dass die alten kirchlichen Väter bei ihren Fragen nach dem Geburtsjahr und der Auferstehungszeit Jesu Christi vor allem durch Lucas 3, 1 geleitet wurden, wo der Beginn der Predigt des Johannes in das 15. Jahr des Kaisers Tiberius gesetzt ward und wo im 23. Vers gesagt wird, dass Jesus etwa dreissig Jahr alt war. (ὡσεὶ ἐτῶν τριάκοντα ἀρχόμενος.) Man setzte zumeist in den fünf ersten Jahrhunderten das Leiden unter das Consulat der beiden Gemini, welches als das 782. Jahr der Stadt Rom gilt. Nach dieser Auffassung nahm man nur ein Jahr der Wirksamkeit Jesu bis zu seinem Leiden an — zumal mit Bezug auf Lucas 4, 19 wo Jesus spricht, dass er gekommen sei zu verkünden das angenehme Jahr des Herrn. Es war natürlich, dass davon auch die Zeit der Geburt bestimmt ward. Es werden eben dreissig Jahre zurück gerechnet. Da man den 25. December schon in früher Zeit, nehmlich im zweiten Jahrhundert als Geburtstag annahm (denn auch der 25. Pachon bedeutet kein anderes Datum, wie ich selbst längst nachgewiesen [86]) habe), so wurde die Geburt des Herrn auf den 25. December 751 gesetzt. Nur die Väter, welche den 6. Januar als Geburtstag Jesu annahmen, mussten das Jahr 752 als das betreffende Jahr nennen.

Es handelt sich hier nicht um Untersuchungen, ob diese Annahme der Väter in der That die Wahrheit enthält oder nicht. Aber allgemeine [87]) kirchliche Annahme war sie — und darum ist es um so auffallender, dass die Aera, welche mit dem Namen des Dionysius in der christlichen Welt heimisch geworden ist, von ihr entschieden abweicht. Sie setzt, so ist es offenbar, das Osterfest, welches auf die Geburt Jesu folgte, in das Jahr 754 der Stadt, somit seine Geburt in das Jahr 753 — wie auch die des Johannes und das Datum der Empfängniss.

Es hat den Chronologen — auch Ideler nicht gelingen wollen, den Grund dieser Aenderung zu erfahren. Wenn Pagi gemeint hat, es habe Dionysius die Panodorische Aera vor Augen gehabt, welche allerdings das Jahr 753 für die Geburt Jesu annimmt, so würde die Frage nur verschoben werden: wie kam Panodorus zu dieser Annahme?

Von den Angaben der heiligen Schrift konnte Dionysius nicht ausgehen, um seine Annahme zu gewinnen. Es bedurfte dazu eines andern Anlasses. Und dennoch ist es unwahrscheinlich, dass die alte Tradition der Kirchenväter gar nicht berücksichtigt worden sei. Es war die Angabe bei Lucas ja offenbar. Es handelt sich also darum, den Anlass zu der neuen Weltära und die Lösung jenes Widerspruches zu finden.

Während in alter Zeit die Wirksamkeit Jesu von seiner Taufe durch Johannes nur auf ein Jahr beschränkt worden ist — so sah man doch anderseitig die Unmöglichkeit einer so kurzen Dauer ein. Das Evangelium, welches verschiedene Osterfeste im Leben des Herrn erwähnt, widersprach der Annahme sichtlich. Man nahm deshalb eine längere Dauer und zwar drei Jahre und mehr, d. i. vom Geburtstag bis zum Leidenstag 3 ½ Jahr an. Um dies wahrscheinlich zu machen, setzte Tertullian zwar das Leiden des Herrn in das 15. Jahr des Tiberius, aber sein Auftreten setzte er in das zwölfte Jahr [88]). Prosper sagt, dass Einige das Leiden in das 18. Jahr des Tiberius setzen, während sein Auftreten auf das 15. Jahr traf. Eusebius nennt seine Wirksamkeit noch nicht volle vier Jahre [89]).

Wenn nun die Aera, welche man mit dem Namen des Dionysius benennt, Weihnacht 753 als Geburtszeit Christi annimmt — und die Lebenszeit Jesu auf 33 ⅓ Jahre angenommen ward — so trifft sein Tod auf den Frühling 787, ein Datum, welches wir als das der Erscheinung des Phönix kennen.

Das Räthsel der Dionysianischen Aera löst sich völlig, wenn man annimmt, dass man eben diese Erscheinung des Phönix als den Ausgang der Rechnung gewählt hätte. Man gelangte von ihr bei einer Lebenszeit von 33 ⅓ Jahren zu dem Jahre 753 zurück, das sonst unerklärbar ist. Das Osterfest der Phönixerscheinung konnte als das wahre chronologische Ostern gelten. Man hatte auch die Zeit von 33 ⅓ Jahren nicht leichthin angenommen. Man sah darin ein Menschenalter abgelaufen. Der Mensch aller Menschen erfüllte alle Menschenalter durch das Seine.

Hieronymus sagt (im Brief an den Theophilus), „dass das Alter von 30 Jahren nach dem Geheimniss des in Christo angenommenen Menschen ein vollkommenes sei" [90]).

Eusthatius sagt: „Einige bemerken, dass ein Menschenalter aus 30 Jahren bestehe, nach deren Verlauf der Mensch vollendet ist" [91]).

Eben aus demselben Grunde haben die Andern auf das Alter von 33 ⅓ Jahren gehalten. Denn ein Jahrhundert, ein Saeculum, bestand aus dreien solchen. Freilich wurde auch die Dauer eines Saeculums von Verschiedenen verschieden berechnet [92]). Aber schon Herodot (in der oben erwähnten Stelle) hat bemerkt, dass drei Menschenalter als ein Jahrhundert gelten. Censorinus sagt: „Unsere

Vorfahren haben auf ein gewisses Mass das Sacculum zu 100 Jahren festgestellt [13]).

Wie wir aber sahen, ist das Phönixjahr nicht nach solchen Abschnitten berechnet. Ihm gilt das Menschenalter 36 oder 35 Jahre. Wer sich an die Erscheinung des Phönix anschloss, kann nur solches im Auge gehabt haben. Wer von dem Erscheinen des Phönix nach der Angabe des Plinius vom Jahre 789 ausginge — würde ja in der That ein sechsunddreissigjähriges Leben (35 ⅓) um Weihnachten 753, oder vollständig bei der Empfängniss für Jesum festgestellt haben; dass 36 Jahre ein Menschenalter sei, war noch so lebendig im Bewusstsein der christlichen Welt, dass die byzantinische, viel gebrauchte Aera, die bis zu den Russen durchgedrungen ist — von der Ideler (2. 461) meint, dass sie im Dunkelen liege, nur daraus erklärt werden kann. Sie enthält 5508 Jahre vom Anfang der Welt bis zum Jahr 753. Das sind 153 sechsunddreissigjährige Menschenalter. Dass das kein Zufall ist, ersieht man aus der Zahl 153, die eine evangelisch-symbolische ist. 153 Fische waren in dem Netz, welches die Jünger auf das Geheiss des verklärten Christus herauszogen. Der Fisch war das Bild des Menschen und im besonderen Sinn des Menschen Jesus Christus [14]). Wenn also bis zur Geburt 36jährige Menschenalter gezählt wurden, wie natürlich, dass auch der Mensch, von dem der Fisch das Bild ist — in einem solchen lebend gedacht worden ist.

Aber wenn dazu der Ausgang von 789 genommen wurde, so wurde die Lücke der zwei Jahre, durch die sich die Dionysianische Aera von der altkirchlichen unterscheidet, nicht erledigt.

Wenn man aber von 787 der Stadt 36 Jahre zurückgeht, so trifft man auf das Jahr 751, in dessen December Jesus nach kirchlicher Annahme geboren, in dessen Frühling er empfangen worden ist.

Aber, wirft man ein, die Aera des Dionysius rechnet ja grade nach dem Jahr 753 als dem Jahr der Empfängniss und Geburt?

Es ist unmöglich, dass dieses Dionysius selbst gethan hat. Es scheint nicht, dass er selber der Veranlasser gewesen ist, durch welchen das Jahr 787 der Ausgangspunkt geworden ist. Die Berechnung ist viel älter, weil auch die Annahme des Jahres 753 als eines chronologischen Wendepunktes viel älter ist. Es ergiebt sich dies aus Dionysius' Worten selbst.

Die eigentliche Aufgabe, welche sich der fromme und gelehrte Mann gesteckt hat, war, den Streit über die Osterfeier zu beenden. Zu dem Zwecke setzte er die Ostertafel des Cyrillus fort. Diese war auf den Metonischen Cyklus von 19 Jahren gegründet, die seit langer Zeit im Orient gebräuchlich war.

Cyrillus, Bischof von Alexandrien, hatte seine Ostertafel von 95 Jahren im 153. Jahre der Diocletianischen Aera begonnen.

Die 152 Jahre, welche bis dahin jene Aera gedauert hat, sind auch 8 Metonische Cyklen (8 × 19 = 152).

Die Ostertafel des Cyrillus nahm demzufolge ihren Anfang im Jahre 436 der gewöhnlichen Zeitrechnung und schloss mit dem Jahre 531 ab, womit sie Dionysius vom Jahre 532 fortsetzte.

Dies Epochenjahr der Aera Diocletians ist das 1031. der Nabonassarischen Aera und das 284. der gewöhnlichen Zeitrechnung n. Chr. Geburt. Die 283 Jahre bilden aber 15 Mondcyklen zu 19 Jahren weniger zwei, woraus hervorgeht, dass das Jahr 751 als Geburtsjahr Christi dabei zu Grunde liegt.

Nichtsdestominder wird die Abweichung der Dionysianischen Aera nur durch die Stellung zur Diocletiana erklärt.

Dionysius erklärt nehmlich in seinem Schreiben, dass er bei seinen Berechnungen nicht das Andenken des „ruchlosen und verfolgungssüchtigen Tyrannen" verherrlichen wolle, sondern „wir haben es vorgezogen, von der Incarnation unsers Herrn Jesu Christi die Jahrzeiten anzumerken".

Die Christen, bei denen die Diocletianische Aera in Gebrauch kam, haben sicher nicht wollen dem Tyrannen damit eine Ehre erzeigen; es war eben das Jahr, in welchem 15 Mondcyklen seit der Geburt Christi abgelaufen waren, zugleich der Regierungsantritt des Kaisers und das Jahr seines Aufenthaltes in Aegypten. Dass man seinen Namen als ihr Kennzeichen gebrauchte — galt wie eine christliche Mahnung an die Leiden, die man erduldet. Man dachte in den Tagen am meisten an den Gedanken des Phönix, in welchen man am meisten an das Kreuz erinnert ward.

Aber wenn Dionysius nicht für seine Cirkel den Namen Diocletians gebrauchen, sondern von der Incarnation an rechnen will, welchen Ausgang konnte er dann nehmen, um nicht auf das Jahr 751, sondern 753 zu kommen!

Cyrillus, der Alexandriner, hat ja seine Ostertafel erst mit Berücksichtigung der andern entworfen, welche von Theophilus, dem früheren Bischof von Alexandrien, auf Befehl des Kaisers Theodosius zusammengestellt war. Dieser hatte eine solche von 418 Jahren oder 22 Mondcyklen ausgearbeitet, aus der Cyrillus eine solche von 95 Jahren zusammenzog.

Theophilus hatte zum Ausgang genommen das Jahr 381, nachdem 380 Jahre oder 20 Cyklen seit Christi Geburt verflossen waren. — Indem er dies thut, geht er unzweifelhaft vom Jahr 753 aus. Theophilus hat daher bereits jenes Datum zum Beginn seiner Rechnung gemacht, das man sonst Dionysius zuschrieb. Das kann gar nicht auffallen. Es waren die Verfasser der Ostertafeln Aegypter. In Aegypten haftete die Tradition vom Phönix. Dort hat man sein Kommen berechnet. Dort muss man zuvörderst auf seine Analogie mit Christus aufmerksam sein. In Aegypten war es auch der Mönch Panodorus, der, wie Syncellus bestimmt angiebt, das Jahr 753 als Geburtsjahr annahm und bis dahin 5493 Jahre von Anfang der Welt rechnet — obschon diese Summe 289 Cyklen zu 19 Jahren + zwei enthält — sodass er dies thut, obschon 751 die Mondcyklen ablaufen.

Schon lange vor Dionysius also und zwar in Aegypten bestand die Annahme des Jahres 753. Sie ist durch die Erscheinung des Phönix offenbar beeinflusst.

Allerdings hätte man meinen sollen, dass, weil das Phönixjahr nach 36jährigen Cyklen gehe — bei der Beachtung das Jahr 787 als des Erscheinens des Phönix zu Kaiser Tiberius Zeiten — grade das Jahr 751 (welches 36 Jahre davon entfernt ist) gewählt worden wäre, aber man nahm eben damals in kirchlichen Kreisen ein Menschenalter zu $33\frac{1}{3}$ Jahren an — und aus dieser Annahme in Verbindung mit dem Jahr 787 entwickelte man die Geburt Christi (wie man immer Incarnatio nehmen will, was aber zumeist von der wirklichen leiblichen Geburt gilt) für das Jahr 753, seinen Tod für das Jahr 787 der Stadt Rom.

Dionysius hat dieses selbst nicht entwickelt. Er würde, wenn er zuerst das Jahr 753 angenommen hätte, es gesagt haben. Er kam nur durch den alleinigen Umstand dazu, dass er nicht von Diocletian an zählen, sondern die Incarnation Jesu Christi zum Anfang nehmen wollte und doch eben nur die Ostertafel zu regeln beschäftigt war.

Cyrillus, der Alexandrinische Bischof, hatte allerdings die Tafel des Theophilus zu Grunde gelegt, aber doch nicht ohne Kritik. Selbst Ideler (2. 260) ist das entgangen. Wenn er sagt, „dass Cyrillus seine Tafel mit einem neuen Mondcirkel wieder anfing, nachdem von der des Theophilus bereits drei abgelaufen waren," so ist das nicht genau, denn vom 380. Jahr bis zum 436. sind nur 55 Jahre nicht 57 (3 $\times$ 19) vergangen. Daher sind auch vom Beginn der Diocletianischen Aera 284, bis zum Beginn des Jahres 381 97 Jahre nicht 95 (5 $\times$ 19). Denn Theophilus hat eben von 753 an gerechnet, während die Diocletianische Rechnung sich auf das Geburtsjahr 751 stützte. Daher der Unterschied der zwei Jahre. Aber auch Dionysius hat dies nicht beachtet. Er zählte die Ostertafel nach Cyrillus weiter und begann seine Tafel im Jahre 532; er weiss auch, dass Cyrillus sich auf die Ostertafel des Theophilus stützte und schloss sich an diesen an, als er die Jahre Ab incarnatione zählen wollte, ohne den Unterschied, der ihn freilich in der Fortsetzung der Ostertafel nicht tangirte, zwischen beiden Rechnungen zu bemerken.

So ist denn in der That der merkwürdige Fall eingetreten, dass Dionysius, indem er seine Ostertafel von 530 an zählte, (die 95jährige des Cyrillus endete am Schluss von 530) — das Geburtsjahr von 751 voraussetzte, denn 530, was von 753 abhängt, ist 19 × 28 weniger zwei. Die 28 Cyklen sind erst vollständig, wenn vom Jahre 751 angefangen wurde, oder wie nach der Rechnung des Theophilus nothwendig wäre, wenn er vom Jahre 533 weiter zählte. Dionysius hält also in der Ostertafel das Jahr 751 fest — aber in seiner Rechnung von der Geburt das Jahr 753; hier setzt er die Rechnung des Cyrillus, dort nimmt er die des Theophilus an. Man könnte sagen, dass, wenn der fromme Dionysius sich nicht an dem Namen Diocletians geärgert hätte, die durch ihn verbreitete Ansicht des Jahres 753 als der Geburt Christi niemals stattgehabt hätte.

Capitel 7.

Während Panodorus bis zu Christi Geburt 5493 Jahre zählt, berechnet er den ganzen Zeitraum von der Welterschaffung bis auf seine Zeit auf 5904 Jahre, welches volle 164 Menschenalter zu 36 Jahren sind. Man darf die Rechnung nach 36 Jahren [95]) immer als ein Zeichen von Phönixjahren ansehen. Deshalb sind auch Beobachtungen, zu welchen man durch alte und verbreitete Nachrichten über das Leben des Zoroaster veranlasst wird, nicht ohne Interesse. So finden wir, dass, wie Plinius [96]) uns mittheilt, Hermippus das Leben des Zoroaster auf 5000 Jahre vor dem Trojanischen Krieg ansetzt. Dieselbe Meinung theilt aus dem Munde des Hermodor, des Platonikers, Diogenes Laertius mit [97]). Wahrscheinlich aus derselben Quelle berichtet sie Plutarch [98]). Es war also eine weit verbreitete Tradition. Sie darf nur nicht als dürre historische Nachricht betrachtet werden. Man wird sie bei näherem Einblick als die Angabe eines grossen Jahrcyklus erkennen. Ueber die Zeit des Trojanischen Krieges gab es, wie wir zumal durch Berichte von Clemens Alexandrinus wissen, eine doppelte Tradition. Nach der einen verfliesst bis zum Jahr 753 eine Zeit von 1184, nach der anderen von 1192 Jahren. Es trennt sie eine Ogdoas, wie die Weltära von Panodor und Anian sich — vielleicht aus ähnlichem Grunde — unterscheiden. (Vgl. Ideler 2. 457.)

Clemens sagt: „Es vergehen von der Eroberung Troja's bis
Aeneas Weggang und Laviniums Gründung . . . 10 Jahre,
Bis zur Askanius' Herrschaft . . . . 8 „
Bis zum Auszug der Herakliden . . . . 61 „
Bis zur Olympiade des Iphitus . . . . 338 „
417 Jahre."

Clemens versteht unter der Olympiade des Iphitus den Beginn der Olympiaden überhaupt; bis zum Jahre 753 der Stadt verfliessen also 1192 (417 + 22 + 753) Jahre, und von Zoroasters angeblichem Leben bis zum Jahr 753 — 6192 Jahre, was volle 172 Jahrgänge zu 36 Jahren ausmacht.

Zu demselben Resultate kommt eine andere Aussage, nehmlich dass Zoroaster, was Eudoxus und Aristoteles gemeint haben, 6000 Jahre vor Plato's Tod gelebt habe (bei Plinius). Es wird späteren Untersuchungen anheimgegeben werden, dass Zoroasters Name und Lehre mit dem Hundstern Beziehungen hat. Der Tod Plato's ist wie der Tod grosser Könige ein merkwürdig Datum auch für die Phönixzeit. Man kann erkennen, dass das Jahr 348 vor Christi das richtig angenommene sei [99]), wenn man erwägt, dass von 348 bis zum Jahr 139 n. Chr., dem Ende der Hundsternperiode, die am 1. Thoth 1322 beginnt, 487 Jahre — das Dritttheil derselben — vergangen ist.

Es ist nicht zu dreist, anzunehmen, dass die 6000 bei Eudoxus eine runde Zahl ist; es scheint dies bestätigt zu werden, wenn man die vorige Zeitangabe in Parallele stellt. Dort sind 5000 Jahre vor der Zerstörung Troja's; es würden dies 5844 Jahre vor dem Tode Plato's sein. Wenn man statt der 6000 diese 5844 setzte, was nicht auffallend wäre, so hätte man zu gleicher Zeit die Summe von 4 Hundsternperioden (4 × 1461), die mit 348 addirt, wiederum die Summe von 6192 oder 172 Jahrgängen von 36 Jahren machen. Eine dritte Notiz wird Xanthus von Sardes zugeschrieben, der 6000 Jahre vor dem Beginn des Perserkriegs augiebt. 6480 sind 180 Jahrgänge von 36 Jahren [100]).

Es enden somit diese Cyklen in der That im Jahr 753 — welches, um 36 vermehrt, das Jahr 789 angiebt, in welchem nach Plinius der Phönix gesehen worden ist.

Die Bedeutung des Jahres 753 ist chronologisch grade dadurch wichtig geworden, dass es 36 Jahre von 789 entfernt und mit 33⅓ Jahren in das Jahr 787 trifft.

Mit dem Sonnenjahr, welches nach 36jährigen Cyklen sich bewegt, geht aber parallel das Mondjahr der Enneakaidekaeteris (Enneadekaeteris). Der 19jährige Cyklus ist eine Mondperiode, die aus 236 synodischen Monaten (zu 2 G. 12, 44′ 3″) besteht, welche genau nur um 2 Stunden 4 Min. 33 Sec. länger als 19 tropische Jahre sind (das Jahr zu 365 Tagen 5 Stunden 48′ 48″) — sodass nach Verlauf derselben die Neumonde sich wieder an denselben Tagen des Sonnenjahrs ereignen. Daher von den Völkern zumeist gebraucht, welche sich des Mond- und Sonnenjahrs zugleich bedienten, wie in Athen, wo sie Meton einführte. Es ist jener Meton, der von Aristophanes um seiner astronomischen Weisheit geneckt ward, aber erfunden hat er sie nicht. Man muss sie den Chaldäern zuschreiben. Es giebt dafür ein Zeugniss, welches vielleicht noch nicht beachtet worden ist. Das Alter der Urväter der Menschen lässt sich allein durch den Metonischen Cyklus erklären.

Das Leben Adams wird auf 930 Jahre angegeben — das ist 19 × 49 weniger eins — als wenn blos das Leben ausser dem Garten Eden gerechnet wäre. Seth lebt 912 Jahre, d. i. 48 × 19.

Seth ist 19 Jahr jünger als Adam — 1. Methusalem erreicht 969 Jahre, d. i. 51 × 19. Noah lebt 950 Jahre, d. i. 50 × 19. Man vergleiche ferner von Adam bis Lamechs Geburt 874 Jahre d. i. 46 × 19, das ist grade so lang als von Lamechs Geburt bis zur Geburt der Stammmutter Sara, auch 874.

Von Lamech bis Adams Tod sind nur 56 Jahre (3 × 19 — 1), aber vom Tode Adams bis zu dem des Henoch 57 Jahre (3 × 19).

Von der Geburt des Enos bis zu der des Kenan gehen 95 Jahre = 5 × 19. (Als Kenan geboren ward, hatte ein Krähenjahr [324, d. i. 9 × 36] ein Ende.) Von Jereds Geburt bis Methusalems Geburt 227, das sind 12 × 19 — 1. Ebenso von Lamechs Tod bis Henochs Tod 113, das sind 6 × 19 — 1. Von Jafets Geburt bis Lamechs Tod sind 95 Jahre = 5 × 19. Von Mahalalels Tod bis zur Geburt von Jafet 266 Jahre, d. i. 14 × 19. Von dem Tode des Seth bis zur Geburt des Jafet 514 Jahre, das sind 27 × 19 + 1.

Genau sind von Eva bis Sara's Geburt 1957 Jahre, d. i. 103 × 19 (oder wenn 1958 gezählt wird, 193 × 19 + 1).

Von Abrahams Geburt bis Noahs Tod sind 57 Jahr = 3 × 19.

Von Noahs Geburt bis Abrahams Geburt = 893, das sind 47 × 19 Jahre.

Von Sems Geburt bis Sara's Geburt sind 400, das sind 21 × 19 + 1. Im 76. Jahr (4 × 19) zieht Abraham nach Kanaan.

Selbst auf die Tagzählung scheint die 19 einen Einfluss gehabt zu haben. Am 27. Tag des zweiten Monats ging Noah aus der Arche — d. i. am 57. Tage (3 × 19) [101]). Und es ist merkwürdig, daneben zu stellen, dass die Jahre von Adam bis zur Sündfluth eine Periode von 46 × 36jährigen [102]) Cyklen bilden (34 × 19 = 1656).

Dionysius Exiguus sagt: „Der neunzehnjährige Cyklus geht immer durch eine Ogdoas, eine Zeit von acht und elf Jahren in sich zurück." Allerdings erklärt sich daraus wohl nicht blos mancher Unterschied von acht Jahren, den wir bei den Aeren wahrnehmen, sondern auch die Bedeutung der 11 Jahre. — Es hat auch das Römische Saeculum nicht blos aus 10 × 10 Jahren, sondern auch aus 10 × 11 bestanden.

Ideler hat die Frage aufgeworfen, was im Alterthum zu der besonderen Feststellung der angenommenen Gründungszeit von Rom im Jahre 754 beigetragen haben möge. Es darf wohl nicht übersehen werden, dass von der ersten Olympiade bis zur Erbauung von Rom 22 Jahre (2 × 11) angenommen werden.

Herodot bemerkt wohl nicht umsonst, dass von Cyrus Tod bis zu Xerxes Regierungsanfang 44 Jahre (4 × 11) verflossen sind.

Ebenso viel verflossen, worauf wohl mehr geachtet wurde, von der Schlacht von Pelusium und Psammenits Untergang bis zum Zuge des Xerxes nach Europa (525—481).

Auch von Alexanders Geburt bis zur Seleucidischen Aera vergingen 44 Jahre.

Bei der Vergleichung des Metonischen Cyklus mit dem Phönixjahr — hat man darauf zu achten, dass 2 × 19. 38 ist, was also von 36 sich durch 2 unterscheidet.

Es gehört noch zu den nicht gelösten Fragen, woher es gekommen sei, dass die sogenannte spanische oder gothische Aera — abweichend von der Dionysianischen — im Jahre 716 der Stadt oder 38 v. Chr. ihren Ausgang nimmt.

Die Beachtung, dass es zwei neunzehnjährige Cyklen sind, würde auch ausreichen.

Es scheint, dass eine tiefliegende theologisch-allegorische Betrachtung zu Grunde liegt.

Die vierte Ecloge des Virgil hat eine weitgreifende praktische Bedeutung erhalten. [103].

Es war die christliche Kirche, welche das Wort des Dichters:
„Nun ist die letzte erfüllende Zeit des Cumäischen Landes gekommen — und geboren wird von neuem die grosse Ordnung der Jahrhunderte. Schon kehrt auch die Jungfrau zurück; es kehren zurück

die Saturnischen Reiche. Schon wird ein neues Geschlecht, vom hohen Himmel entsteigen," zu einer Prophetin den Heiden gegenüber geschaffen hat.

Die Sybillinischen Bücher wurden ja in der Form, wie sie schon die ersten Jahrhunderte verbreiteten, für ein prophetisches Buch Christi angesehen.

Die Kirchenväter ehrten Virgil wie einen heidnischen Seher. Auf jene Stelle weisen sie mehr als einmal zurück. Kein Geringerer wie Constantin der Grosse selbst legt die vierte Ecloge vom Kommen des christlichen Zeitalters aus [104]. Sie enthält ja in der That Gedanken, wie sie mit dem Wiederkommen des Phönix verbunden waren: Wiederkehr alter Zeit, Ablauf vergangener Epochen.

Es wird erzählt [105] — und die historische Thatsache braucht nicht bestritten zu werden — dass Römer, wie Secundianus und Marcellinus bei ihrer Unterhaltung auf die Virgilische Ecloge gekommen seien und so aus dieser der Anfang ihrer Bekehrung stattfand. Sie wurden dann vor Kaiser Decius dem Tode übergeben, demselben Decius, der durch die Gothen besiegt und erschlagen ward.

Es ist unklar, weshalb dem Dichter Statius zugeschrieben ward, durch dieselben Verse ein Christ geworden zu sein, wie Dante erhaben ausführt. (Fegefeuer 20. 70) [106].

Diese Weissagung des Virgil aber von der Erscheinung der Jungfrau und dem kommenden neuen Weltalter fällt in das Consulat des Asinius Pollo (40—39 v. Chr.); an diesen ist sie gerichtet. Man hatte daher einen festen historischen Anhalt

Man konnte nicht ohne Grund eine neue Rechnung beginnen, wenn die Ordnung der Jahrhunderte wieder sich erneuert. Auf die Vermählung des August mit der Livia darf man eine Andeutung annehmen, welche 716 stattfand.

Allerdings füge ich die Vermuthung dazu, dass man die spanische Aera erst vom Jahre 716 an gerechnet haben mag, seitdem die Dionysianische vorherrschend gewesen ist. Vorher mag sie aber vom Jahre 714 gezählt haben, weil sie dann 38 Jahre vor der kirchlich angenommenen Geburt Christi statt hatte; und dann 36 Jahre bis zur Erscheinung des Phönix im Jahre 787 — oder wieder 38 Jahre zu der im Jahre 789 verlaufen wären.

Jedenfalls können wir diese unsere Abhandlung mit einer ähnlichen Weissagung schliessen, wie man sie im Erscheinen des Phönix gefunden hat.

Weil der Phönix eben ein Bild Christi geworden ist — so hat er den Einfluss auf unsere Zeitrechnung gewonnen. Man könnte von Phönixjahren reden, in denen wir leben.

28. Mai 79.

Anmerkungen.

[1] Hesiodi fragmenta ed. Göttling 1843 p. 287:

„ἐννέα τοι ζώει γενεὰς λακέρυζα κορώνη
ἀνδρῶν ἡβώντων ἔλαφος δέ τε τετρακόρωνος
τρεῖς δ'ἐλάφους ὁ κόραξ γηράσκεται αὐτὰρ ὁ φοίνιξ
ἐννέα τοὺς κόρακας. δέκα δ'ἡμεῖς τοὺς φοίνικας
νύμφαι ἐϋπλόκαμοι, κοῦραι Διὸς αἰγιόχοιο".

Dübner (Scr. Moralia Plutarchi ed. Paris 1841) hatte φοῖνιξ accentuirt. Es thaten dies auch Andere wie Lennep im Lex. Etym. p. 1074, Imanuel Becker in den Fragmenten des Julius Pollux 1. 44, Schweighäuser zum Herodot, Moritz Schmidt im Hesychius (ed. min. 1529) etc., welche s nur als Positionslänge des Nominativ annahmen. Es ist diese Stelle, auf welche Plinius verweist, wenn er sagt (Sillig 7. 48): „Hesiodus, qui primus aliqua de hoc prodidit fabulose ut reor multa de hominum aevo referens cornici novem nostras attribuit aetates, quadruplum ejus cervis, id triplicatum corvis et reliqua fabulosius in Phoenice et Nymphis." Im lateinischen Verse umschrieb es ein Epigramm de aetatibus Animalium bei Burmann Anthologia 2. 420 (n. 142) u. H. Meyer Anthol. n. 1078. Letzterer weist dabei auf Beda 1. 517 hin.

[2] Apollodor. Biblioth. III. 10. 3.
[3] ed. Brockhaus p. 18.
[4] ed. Müller p. 32.
[5] Benfey Pantschatantra 1. 168.
[6] cf. Plin. histor. Natural. 11. 29. Doch spricht er nur von dem Vogel graculus nicht von der coronis, cornix.
[7] Aesop. fab. 49. cf. fab. 98: „οἰωνισμόν οὐκ ἔχει". Dagegen scheint die Fabel 76 auf die orientalische Idee hinzudeuten (Ovid. Amor. II. 6. 35): „Vivit et armiferae cornix invisa."
[8] Die Aesopische Fabel 53 zieht Benfey (P. 1. 347) mit Unrecht heran. Hier ist die Dohle (κολοιός) das schwarze hässliche Princip dem Pfau gegenüber.
[9] De rerum natura 5. 1184: „cornicum ut saecla vetusta" ed. Lachmann 1. 192.

Burmann Anthol. II. 421. No. 1 citirt ausser Anderem den schönen Vers des Flaminius:

„Crudelis implacabilis
Iniqua mors! cornicibus
Tam longa parcis secula:
Et huic puellae tam cito
Manus rapaces injicis.

¹⁰) Saturnal. lib. 7 cap. 5: „sed non minus edacitatis habent, quam de longaevitate eorum opinio fabulatur".

¹¹) Mythologie p. 637 (II. ed.)

Aelian. Thiergesch. 10. 18 sagt: „Die Bewohner von Koptos (in Aegypten) behaupten, dass man dort nur zwei Raben sehe. Es liegt in jener Gegend ein Tempel des Apollo, dem sie heilig sind".
Die Sage, welche Aelian 1. 47 mittheilt, ist ein Gegenstück zur Geschichte des Raben in der Arche. Wie Noah ihn ausschickt und er hält sich am Aase auf und kommt nicht wieder, so schickt ihn Apollo „als seinen Diener" aus, um Wasser zu holen, aber er hielt sich bei den Weizenkörnern auf und kam nicht wieder. Ausonius, welcher in seinem Gryphus ternarii numeri (Edyll. XI.) auch auf den Spruch des Hesiod anspielt, sagt v. 15 vom Raben „Tris quorum aetates superat Phöbeius oscen".

¹²) Cratylus p. 383 a. ed. Stallbaum p. 34: „ὀρθότητά τινα τῶν ὀνομάτων πεφυκέναι καὶ Ἕλλησι καὶ Βαρβάροις τὴν αὐτὴν ἅπασιν". Wenn Eusebius meint, dass Plato unter den Barbaren blos die Hebräer verstanden habe, so muss man sich in die zeitige Auffassung der Kirchenlehrer vor Plato und in ihre Hermeneutik versetzen können, um das zu verstehen. Es giebt auch eine historische Exegese und so lächerlich, wie Stallbaum das macht, ist es nicht. Dass Platon unter den Barbaren namentlich die Sprachen des Orients, Aegyptens und Syriens verstanden hat, liegt an sich nahe. · Ueber ähnliche spätere exegetische Versuche vgl. meine Geschichte der Juden (Ersch u. Gruber 27 II. p. 24).

¹³) Justi berichtet über die Ausdrücke von Raben und Krähen (des noms d'animaux en Kurde Paris 78. p. 24) unter anderm: „zaza, korbela, corneille", wie afghan. קאָרען, griech. κόραξ, wo überall Krähe und Rabe mit demselben Namen benannt sind.

¹⁴) Es wird in meinem zweiten Theil des Buches Esther darauf noch eingegangen werden.

¹⁵) Bei Krünitz 23. 661 heisst es: „Viele Piqueurs haben, um sich von der Wahrheit dieser Sache zu überzeugen Hirsche aufgebrochen und beide Arten solcher giftigen Thiere (Kröten und Schlangen) in ihrem Körper gefunden", und citirt wird dazu Sal. Reiselii Obs. de serpente in stomacho cervi petrefacto in den Misc. Nat. Cur. 1670. Abs. 14.

¹⁶) Vgl. meine Drachenkämpfe p. 57. Antwort 1. p. 17.

¹⁷) Spanhelm de praest. et usu Numism. 1. 183.

¹⁶) Müller, Geschichte der Amerikanischen Urreligionen, p. 70 etc. (Basel, 1867.)
· ¹⁹) Paris 1869. 2. p. 28.
²⁰) In den Tusculanen 3. 28 heisst es: „Natura cervis et cornicibus vitam diuturnam dedit". Plin 8. 32: „Vita cervis in confessio longa".
²¹) Es ist nicht die Absicht, eine Zusammenstellung aller Stellen des Alterthums zu geben, in welchen der Name des Phönix vorkommt. Mit grossem aber unfruchtbarem Fleisse hat dies Petrus Texel gethan in seinem „Phönix visus et auditus, Amstelod 1703. 4. Mit neueren Hülfsmitteln, aber doch auch nur compilirend, thut dasselbe R. J. F. Henrichsen (Havniae, 1825) in zwei Heften. In demselben Jahr gab Martini zu Lüneburg das dem Lactanz zugeschriebene Gedicht de Phoenice heraus, in dessen Einleitung er präcis die alten Nachrichten über den Phönix zusammenstellt. Im Jahre 1856 theilte Grässe in seinen Beiträgen zur Literatur und Sage des Mittelalters von p. 72 an die Nachrichten älterer und neuerer Autoren über den Phönix mit, nebst einer Angabe älterer Schriften, die ich nicht alle gesehen habe. Unter den Aegyptologen hat der Phönix weniger Beachtung gefunden, als man erwarten sollte. Meine Beobachtungen haben es nur mit den originalen Hauptstellen zu thun und richten sich mehr auf deren symbolische und chronologische Erklärung.
· ²²) Lepsius, Briefe aus Aegypten, p. 16.
²³) Ebers: Durch Gosen zum Sinai, p. 494.
¹⁴) Konrad L. Schneider, Lat. Grammatik 1 p. 370, hielt die Uebereinstimmung ebenso für zufällig, wie die des lat. P mit dem griech. R. Aber auch das Letztere wird nicht blos aus dem Zufall erklärt werden dürfen.
²⁵) רך, רבא ist chald. König, rex, wie schon Buxtorf richtig erklärt hat. Der Chaldäer giebt daher auch die Uebersetzung von אברך durch „Vater des Königs" wieder. 2. Sam. 3, 39 wird רך gewöhnlich durch „zart", „schwach" oder „zag" wiedergegeben — aber beides passt nicht zu dem „ומשוח". Es klingt seltsam, dass David gesagt haben soll, „ich bin zart und ein gesalbter König". Es hat einen andern Sinn, wenn David spricht: „Wisset ihr nicht, dass ein grosser Fürst gefallen ist in Israel, und ich bin nun Regent und ein gesalbter König" etc. Ich habe ausserdem unten ירך mit ἱέραξ verglichen. Es drückt koptisch chanachi das griech. choinix, hinach das griech. pinax aus. Im Talmud und Midrasch erscheint diese Wiedergabe des x durch ch nicht selten; אינך ist Ὄνυξ, ברך ist χάραξ, פינך ist πίναξ und den Phönix schreiben sie פיניבא.
²⁶) Es ist das schon früher geschehen, wie Bellermann mittheilt in seinem Programm von 1817 p. 48, der selbst aber die Form Abrasax vorzieht.
²⁷) Tzetzes Lycophron. 417. Andere lesen Eion. Der Mythos dieses Phönix bedarf noch weiterer Erörterung.

18) Victor Hehn in „Kulturpflanzen und Hausthieren", Berlin, Borntraeger, 1877, p. 528 hat den Zusammenhang mit dem Phönix übersehen und will den Namen der Palme für einen einheimischen aus γνᾶ 'Ογνᾶ entsprungenen halten, was irrig ist. Die Palme, die von den Griechen Phönix genannt wurde, hatte den Namen wie der Vogel; sie nannten sie dadurch etwa Sonnenbaum. — Man könnte הדמר mit הדהר (Bergulme) vergleichen, was man von דהר (δόρυ, δένδρον) ableiten kann. Das indisch-vedische Volk nannte noch daru einen Kahn — nehmlich aus einem Baumstamm, cf. Zimmer, altindisches Leben p. 526. Die Orientalen pflegen Tadmor, wie sie Palmyra nennen, irrig mit „Ameisenhügel" zu erklären. cf. Hammer, Rosenöl 1. 189.

19) Aelius Lampridius: Anton. Heliogabal. cap. 23: „Fertur et promisisse phoenicem convivis vel pro ea libras auri mille ut in praetorio eas dimitteret". Die Stelle ist allerdings dunkel, weil sie die Herausgeber nach ihrer Meinung verbesserten. Daher lasen die Einen eas auf libras bezogen, die Andern eos auf convivas bezogen. Closs las mit Salmasius eum und übersetzte auf folgende erstaunliche Weise: „Seinen Gästen soll er auch einen Phönix oder statt dessen tausend Pfund Goldes versprochen haben, um ihn auf seinem Landgut herumgehen lassen zu können". Der Sinn ist offenbar der, dass der Kaiser seine Gäste mit dem Doppelsinne neckt, den der Phönix hat. Sie denken an den Vogel, er an die Sonne. Er wettet mit ihnen, er werde den Phönix im Praetorium zeigen können, — er setzt tausend Pfund Goldes dafür ein, dass er es kann. Wenn er nicht kann, dann wolle er diese zahlen. Closs kann doch nicht glauben, der Kaiser habe nöthig, seinen Gästen dafür zu bezahlen, dass er ihnen einen Vogel in seinem Hause zeigen wolle. Es war eben eine scherzhafte Wette. Die Gäste dachten an den seltsamen Vogel, den man eben nicht zeigen könne.

30) Aber freilich erst Johannes Malala, ed. Bonn, p. 280 ist es, der dies erzählt. Jedenfalls erwähnenswerth ist die Stelle, welche Spartianus im Caracalla am Schluss mittheilt: „certe templum quod ei (Faustinae) sub Tauri radicibus fundaverat olim maritus Antoninus, in quo postea filius hujus Bassiani Heliogabalus Antoninus sibi vel Jovi Syrio vel Soli (incertum enim id ist) templum fecit.".

31) Vgl. das Epigramm bei Burmann, Anthol. lib. V. tom 2. p. 301 (Meyer 458):
„Sol insigne caput radiorum ardente corona",
wozu B. treffend die Schilderung des Dichters des Phönix v. 139 (ed. Martini p. 97) verglich:
„Aequatur toti capiti radiata corona".

32) Occulta Naturae miracula. Aus dem Lateinischen durch Jacobum Horscht, der Arzney Doctor. Das Buch hat keine Seitenzahl, auch keine Druckangabe. Es ist unterschrieben: „Schweidnitz den VI. Januarii 1572"

im vierten Theil. Die Galle vom Geyer und Habicht ist aber nicht wie anderes, was er noch nennt, unter allen Umständen schädlich, sondern nur solchen, die keine Feuchtigkeit im Auge haben, weil jene Galle von brennender und „austrocknender" Natur sei.

33) Zingerle: Sagen, Märchen' und Gebräuche aus Tirol. (Innsbruck 1850) p. 446.

34) Vgl. Thilo Codex. Apocryph. N. Testam. 1. p. 148. 149.

35) Wolfgang Menzel (Christl. Symbolik 1. 291) hat diese Idee, — aber es war ihm entgangen, dass diese Ansicht der christlichen Kirche so verhasst war, dass Saracenen, welche zur christlichen Kirche übertraten, die Meinung, dass Jesus solcherlei gethan hätte, abschwören mussten.

36) Aelian, Thiergeschichten 2. 43. Die Augenkur hat den Namen von diesen Vögeln, weil sie verstehen, sich selbst wieder sehend zu machen. Vgl. Aelian 13. 25.

37) Fulgentil Mythologicon III.: „Adon enim graece suavitas dicitur et quia haec species odore suavis est, Adonem dicitur genuisse.

38) Noch Camoens schildert in den Lusiaden (2. 12), übersetzt v. Gries:
„Sie knien voll Andacht, Herz und Hand gebreitet
Zu Gott, dem Ordner in der Welt Gebiet,
Indess der Weihrauch edeln Duft verbreitet,
Den das Geld Panchaïa's erzieht."

39) Daher nennt ihn Ausonius (Gryphus v. 16): „Quem novies senior Gangeticus anteit ales."

40). Wunderlicher Weise kennt Aristophanes nur fünf Menschengeschlechter als Alter der Krähe: „So sterben die Menschen als Kinder hinweg."

Peisthetäros: „Nein wahrlich! es legen die Vögel dreihundert Jahre noch ihnen hinzu."

Wiedehopf: „Und woher denn?"

Peisthetäros: „Woher? Von sich selber. Denn du weisst, „fünf Menschengeschlechter an Zahl durchlebt die geschwätzige Krähe".

41) Dies hat der Dichter des Epigramms bei Burmann (Anthol. 2. 420) de aetatibus mundi auch angenommen, wenn er beginnt:
„Ter binos deciesque novem super exit in annos
Justa senescentum, quos inplet vita virorum
Hoc novies superat vivendo garrula cornix" etc.
denn ter binos (18) decies novem machen 108.

42) Es ist nach meinem Wissen bisher nicht darauf geachtet worden, namentlich nicht für seine chronologische Bedeutung. Wackernagel in seiner Zusammenstellung der Lebensalter (Basel 1862) hatte keinen näheren Beruf, darauf einzugehen. Flourens dela longévité humaine Paris (III. ed. 1856) behandelt das Menschenalter naturwissenschaftlich, ausgehend von dem Venetianer Cornaro, der 105 Jahre alt geworden ist. Am Schluss

theilt er nach Haller zwei Beispiele von langlebenden Menschen mit — zwei Engländern, von denen einer 169 Jahre alt ward. Ebenso spricht er von Newton und Sophocles. Leopold Löw (die Lebensalter in der jüdischen Literatur, Szegedin 1873, p. 236) gab sich Mühe, die Lebensalter jüdischer alter und neuer Gelehrten mitzutheilen.

Unter den Deutschen Sprichwörtern hallte zwar das Hesiodische Wort noch nach, aber völlig verändert. Agricola (cf. Wackernagel p. 23) giebt es so wieder:

"Ein Zaun weret drey Jare,
Ein Hund überweret drey Zäune,
Ein Pferd drey Hunde,
Ein Mensch drey Pferde,
Ein Esel überlebt drey Menschen,
Eine wilde Gans überlebt drey Esel,
Eine Kra überlebt drey wilde Gänse,
Ein Hirsch überlebt drey Krawen,
Ein Rab überlebt drei Hirschen,
Ein Phenix überlebt neun Raben".

[43]) Politik. 7. 14. cf. Göttling zu Hesiod Erga v. 696.

[44]) Satyra 10. 245:

"Rex Pylius magno si quidquam credis Homero,
Exemplum vitae fait a cornice secundae".

[45]) Metamorphos. 12. 158. Vgl. Tibull IV. 1: Vixerit ille senex quamvis dum terna per orbem saecula fertilibus Titan decurrerit urbes". cf. Propert. II. 13. Lambin's Bemerkungen zu Horat. Od. II. 9, 13 scheinen mir ein Missverständniss einzuschliessen.

[46]) Vgl. Zeller, Geschichte der Griechischen Philosophie II. 1. 637.

[47]) In meiner Abhandlung über Cypern p. 8.

[48]) Plin. 10. 2. (ed. Sillig 2. 196): "Cum hujus alitis vita magni conversionem anni fieri prodit idem Manilius iterumque significationes tempestatum et siderum easdem reverti — hoc autem circa meridiem incipere, quo die signum arietis sol intraverit et fuisse ejus conversionis annum prodente se P. Licinio Cn. Cornelio consulibus ducentesimum quintum decumum". So weit die Nachricht des Manilius.

[49]) Plinius 30. cap. 1. 3. (ed. Sillig tom 4. 381): "DCLVII. demum anno urbis Cn. Cornelio Lentulo P. Licinio Crasso coss. senatus consultum factum est ne homo immolaretur-palamque et in tempus siluit sacri pro digiosi celebratio".

[50]) Diodor (1. 68) sagt: "Nach einer 55jährigen Regierung endigte er sein Leben um die Zeit, da der Perserkönig Cambyses Aegypten bekriegte im dritten Jahr der 63. Olympiade, in welcher Parmenides von Camarina Sieger auf der Rennbahn war".

[51]) Vgl. Dunker, Gesch. des Alterth. 1. 598.

³²) Es war zumal die Verwechslung mit dieser Periode, um welche die jüdischen Gelehrten den Minjan Staroth meinten von der Seleucidischen Acra trennen zu müssen. Sie liessen sich vom Namen Alexanders irre führen. (Vgl. meine jüdische Geschichte bei Ersch und Gruber 27. II. p. 33.)

³³) Annales 6. cap. 28: „Paullo Fabio, L. Vitellio Coss. (787 u.) post longum saeculorum ambitum avis Phoenix in Aegyptum venit praebuitque materiam doctissimis indigenarum et Graecorum multa super eo miraculo disserendi. De quibus congruunt et plura Ambigua sed cognitu non absurda promere libet..... De numero annorum varia traduntur. Maxime vulgatum, quingentorum spatium. Sunt qui asseverent mille quadringentos sexaginta unum interjici prioresque alites Sesostride primum, post Amaside dominantibus, dein Ptolemaeo, qui ex Macedonibus tertius regnavit, in civitatem cui Heliopolis nomen, advolavisse".

³⁴) Dass Tacitus ihn für den dritten hielt, geht daraus hervor, dass er weiter sagt: „Inter Ptolemaeum et Tiberium minus ducenti quinquaginta anni fuerunt". Aber auch der gelehrte Verfasser der Artikel Ptolemäus in der Realencyklopädie der Alterthumswissenschaft 6. p. 210 ist diesem Irrthum gefolgt.

³⁵) Nach Ebers in Riehms Handwörterbuch 2. p. 332 floss bei den Griechen Seti I. und Ramses II. in die eine Person des Sesostris zusammen. Maspero (Geschichte der Morgenländischen Völker p. 223 deutsch) hält den Namen Sesostris aus „Sestura oder Sessura" entsprungen.

³⁶) Philo de mundo cap. 35.

³⁷) Vgl. meinen Esmun p. 7.

³⁸) Tzetzes Hist. 5. 403. Vgl. fragm. Historic. Graecos. 3. 499: „ὡς δ'ὁ Αἰγύπτιος ἱερογραμματεύς Χαιρήμων ἔδειξεν ἐν διδάγμασι τῶν ἱερῶν γραμμάτων, ὁ φοῖνιξ ἐξ τοῖς ἔτεσι καὶ ἑπτακισχιλίοις, θνήσκει παραγινόμενος ἐν τόποις τοῖς Αἰγύπτου".

³⁹) Vgl. die Fragm. hist. Graecor. 3. p. 672: „ἐν τούτοις τοῖς χρόνοις ἐφάνη τὸ ὄρνεον ὁ φοῖνιξ, καθὼς ἱστοροῦσιν Αἰγύπτιοι, πρὸ χν δὲ ἐτῶν γανυίς, ὡς καὶ Αἴξιπτος συμφωνεῖ". Carl Müller hatte kein Recht, die Lesart für völlig corrigirt zu halten.

Es ist allerdings das Todesjahr des Psametich streitig geworden und Necho's Antritt der Regierung bald wie Schöll hat 617, Duuker 616, in neuerer Zeit von Maspero auf 611, von Ebers auf 610 gesetzt worden. Böckh hatte sich für 15 Jahre entschieden (Manetho p. 349) und seinen Regierungsantritt etwa 613—14 angenommen. Aber allerdings meint er, wäre damals Psametich noch nicht gestorben gewesen.

Die obige Lesart χν hat vor der χνδ das voraus, dass jenes δ aus δὲ entstanden sein kann.

650 vor dem Jahre 789 der Stadt, und vor 36 v. Chr. bezeichnet 614, was doch wohl zu beachten ist.

⁶⁰) cd. Salmasius cap. 33: „Cum hujus vita magni anni conversionem rata fides est inter Autores, licet plurimi eorum magnum annum non quin gentis quadraginta sed duodecim milibus nongentis quinquaginta quatuor annis constare dicunt".

540 Jahre sind 15 Menschengeschlechter zu 36 Jahren.

⁶¹) Bohlen, Altes Indien 2. 299. cf. Benfey, Indien in Ersch und Gruber II. 17. 269.

⁶²) Berosi Chaldacor. Historiae ed. Richter p. 53. cf. Fragment. Histor. Graec. ed. Müller II. p. 499.

⁶³) Die Rechnungen der Talmudisten bedürfen einer besonderen Betrachtung in Bezug auf die Lehre von den letzten Dingen. Eine andere Bemerkung, die sie machen, ist, dass es 85 Jubeljahre geben werde, bis der Messias kommt, das sind 4250 Jahre oder $118 \times 36 + 2$.

⁶⁴) Müller, Geschichte der Amerikanischen Urreligionen p. 510.

⁶⁵) Schubert, die Urwelt und die Fixsterne (Dresd. 1822) p. 397 etc. Aber den Tadel des Pastor Fulda (das Kreuz, Breslau 1878, p. 237) hat der geistreiche, wenn auch seinen Ideen etwas willkürlich nachstrebende Verfasser nicht verdient.

⁶⁶) Ekhel, doctrina Nummorum 6. p. 440.

⁶⁷) Vgl. Ekhel l. l. p. 508.

⁶⁸) Vgl. meine Abhandlung: Le roi te touche p. 20 etc.

⁶⁹) Vgl. Du Cange Glossar. med. et inf. Graecitatis p. 1791. Vgl. was Socrates sagt: „αὐτή τιμωρία ἀπὸ τῶν χριστιανίζειν λεγόντων ἐγίνετο", hist. eccles. 2. 38. Der Kirchenvater, der von den schrecklichen Parteiverfolgungen unter Constantius erzählt, will damit gesagt haben, dass diese Marter nicht sowohl von den Heiden, als von den Arianern erfunden sei, die sie gegen die Rechtgläubigen anwandten.

⁷⁰) Vgl. Pipers Abhandlung über den Phönix in. der Mythologie der christlichen Kunst 1. 452 etc.

⁷¹) Aber noch die älteren Commentatoren wollten von der Erscheinung eines wirklichen Vogels nicht lassen. Besonders merkwürdig ist, was Fell bemerkt (Patres Apostol. Coteler. 1. p. 162): „minime putandum enim merum mendacium et puram putam fabulam effutiisse, praesertim quando satis constat quantum olim malus Daemon miserorum hominum superstitioni et ignorantiae insultabat, quantumque e re ejus erat ex tempestate, cum Evangelii splendor terrarum orbem vitalibus radiis salutare inciperet, notabili aliquo commento se ipsum venditare" etc.

⁷²) Vgl. Mader in der Vorrede zu den Patres Apostolici. Coteler. p. 136 a.

⁷³) Dictionaire des antiqu. Christ. (Paris 1865) p. 534.

⁷⁴) Roma sotteranea (Freiburg 1873) p. 201.

⁷⁵) Ferd. Becker: Die Inschriften des Römischen Coemeterium. Gera 1878. p. 34.

⁷⁶) Vgl. Sunem 1877. p. 343.

⁷⁷) Physiolog. Syrus ed. Tychsen p. 95. Auch der Dichter des carmen de Phönice v. 143 (ed. Martini p. 98) schreibt: „Effigies inter pavonis mista figuram cernitur et pictam Phasidis inter avem".

⁷⁸) Archäologische Bemerkungen in den Annalen des Vereins für Nassauische Landeskunde. 1868. 8. Band. p. 418. 419.

⁷⁹) Christliche Kunstsymbolik und Iconogr. p. 139.

⁸⁰) De Civitate dei 21. 4. ed. Strange 2. 442. Er redet von Wundern der Natur; an den Phönix denkt er nicht; als man in Carthago einmal einen Pfau auf den Tisch brachte, wurde von ihm ein Stück aufbewahrt, was auch nach einem Jahr nicht faul geworden war.

⁸¹) Dictionnaire Iconographique p. 378.

⁸²) Daher heisst der Phönix im Gedicht de aetatibus Animalium (ed. Burmann II. p. 420. 421): „reparabilis ales"; im Gedicht vom Phönix v. 61 heisst es: „ut reparet lapsum spatiis vergentibus aevum".

⁸³) Im Physiologus Syrus cap. XVI. heisst es: „Quo nuncio ad sacerdotes Heliopolios s. civitatis solis perlato noviluniis Nisan aut Isar s. Phamnuth aut Pharmuthi sacerdos certior factus ilico venit et aram vitis lignis complet". Dasselbe giebt der Pseudo-Hieronymus an, wie schon Tychsen p. 97 dazu anmerkt.

⁸⁴) Vgl. Petr. Texelii, Phoenix visus etc. p. 139.

⁸⁵) Adversus Judaeos cap. 8: „temporibus Paschae die VIII. Cal. April, die prima Azymorum". cf. Ideler 2. 414. —

⁸⁶) Vgl. Weihnachten p. 85.

⁸⁷) Rösch hat in seiner Abhandlung über das Geburtsjahr Christi (Jahrbücher für Deutsche Theologie II. p. 3) in einer fleissigen Zusammenstellung der Daten der Kirchenväter doch nur die Meinung Idelers bestätigt.

⁸⁸) Lib. I. adv. Marcionem cap. 15. ed. Migne 2. 263.

⁸⁹) Vgl. Ideler 2. 411. 415.

⁹⁰) Im Brief 82 in den opp. ed. Migne 1. 740 (518): „quae juxta mysterium assumti hominis in Christo perfecta est".

⁹¹) Vgl. Suicer Thesaur. γενεά.

⁹²) Vgl. Th. Mommsen, Römische Chronologie p. 178. 179.

⁹³) de die natali. cap. 17. ed. Jahn p. 49.

⁹⁴) Vgl. meinen Sunem 1879. n. 20. p. 159.

⁹⁵) Hist. nat. 30. 2. Vgl. Fragm. Histor. Graec. ed. C. Müller 3. 53.

⁹⁶) Im Prooemium cap. 2. cf. C. Müller Histor. Graec. I. p. 44 in den Fragmenten des Xanthus.

⁹⁷) De Iside et Osiride cap. 47. Die Daten sind als Cyklen noch nicht erkannt, auch nicht von Windischmann Zoroastrische Studien p. 279 etc. — und nicht von Spiegel in der Eranischen Alterthumskunde 1. 674.

⁹⁹) ed. Sylburg p. 246. Diese Art der Berechnung hatte Ideler übergangen.
⁹⁹) Er starb im ersten Jahr der 108. Olympiade, also 348, wurde 81 Jahre alt und war am 21. oder 22. Mai 429 geboren. Also nicht 347, wie Clinton in den Fasti Hellenici ed. Krueger p. 149 hat. 429 — 348 = 81. Vgl. Zeller, die Philosophie der Griechen 2. 1. 339, der jene chronologisch-astronomischen Bemerkungen nicht berichtet hat.
¹⁰⁰) Allerdings haben nur zwei Mss. 6000, sonst wird 600 gelesen, C. Müller, Fragm. I. p. 44: „Ξάνθος δὲ ὁ Λυδὸς εἰς τὴν Ξέρξου διάβασιν ἀπὸ τοῦ Ζωροάστρου ἑξακόσια ᾑσί". 600 + 480 = 1080, was eine Zahl von 30 ✕ 36 Jahren ausmacht.
¹⁰¹) Es ist mir nicht bekannt, dass jemals die Aufmerksamkeit auf dieses Zahlensystem gerichtet wäre. Auch im Midrasch finde ich keine Hindeutung. Alles was er an Zahlenbeobachtung hat, steht Jalkut §. 42. ed. Amst. 1. 12 a, was gar keine Beziehung hat. Zu dem Datum, dass Noah herausgegangen sei am 27. Tag des 2. Monats, macht der Midrasch (Bereschith Rabba p. 29. 6. §. 33) die eigenthümliche Bemerkung:

„אלו יא יום ׳שימוש החמה יהירים על ימוח הלבנה.״

¹⁰²) Die Zahl 46 hat sonst in der alten Symbolik darum eine Bedeutung gehabt, weil die Juden zu Jesu sagen (Joh. 2. 20): „Dieser Tempel ist in 46 Jahren erbaut und du willst ihn in drei Tagen aufrichten"! sie beobachtet, dass Ἀδαμ nach dem Zahlenwerth der griechischen Buchstaben 46 (אדם hat nur den von 45) bedeute. So sagt ein spanischer Kirchenlehrer, der 677 stirbt, der h. Ildephons in seinem Buch „de Virginitate Mariae (nachdem er es nach der Meinung der Physiker anmerkt dass die erste Bildung des werdenden Menschen 40 Tage dauere): „Quae literae nomen Adam exprimunt, numeri vero 46 reddunt. Hinc Judaci in Evangelio (Joan. 2) licet ignorantes quod dicerent veraciter tamen de templo dominici corporis, quod ab eis erat in morte solvendum et ab ipso post triduum resuscitandum locuti sunt, 46 annis aedificatum est, exemplum hoc". Bibliotheca maxima Patrum. Lugduni 12. p. 558 a.
¹⁰³) Virgils vierte Ecloge von Joh. H. Voss. Altona 1795. Die heftige Polemik mit Heyne über die Erklärung der Ecloge findet sich am Schluss p. 101.
¹⁰⁴) Vgl. Piper: Vergilius im Evangl. Kalender 1862. p. 60 etc.
¹⁰⁵) Acta Sanct. Bolland. 9. Aug. tom II. p. 407. cf. Acta ss. 1. Juni 1. p. 37.
¹⁰⁶) Dante, Purgatorio 22. v. 64 etc. cf. K. L. Roth in der Germania 4. p. 284.

Während der Correctur kommt mir Hommels Buch über die Namen der Säugethiere zu Gesicht (Leipzig 1879), woraus ich die Vermuthung des

Verfassers (p. 380), dass in Aethiopien der Name des Phönix Adler bedeute, nicht übergehen will.

Obige Ausführungen werden ihm bestätigen, dass gar kein Zweifel daran bestehen kann, dass der Phönix des Physiologus wirklich der ägyptische ist. cf. p. 457 not.